JN033240

福祉マネジメントの
エッセンス

Essence of Welfare Management

東北文教大学社会福祉学研究会＝編

日本評論社

まえがき

　「福祉マネジメント」というキーワードが研究論文等に使われるようになったのは 2000 年頃からです。介護保険制度の導入とともに、福祉領域におけるマネジメント機能の強化が求められるようになったことがうかがえます。

　医療技術の進歩と生活環境の改善によってわが国の高齢人口は増加し、2019 年 9 月には 65 歳以上の高齢者人口が総人口の 28.4％というかつて経験したことのない超高齢社会を迎えました。生産年齢人口が減り、高齢者にかかる医療・介護財政が逼迫するなか、国は、高齢者に限らず、慢性疾患や障がいを抱えても、住み慣れた生活の場で療養し自分らしい生活を続けられることを目指し、地域包括ケアの推進を掲げました。地域における医療・介護の関係機関が連携して、包括的かつ継続的な在宅医療・介護の提供を行うといった多職種協働により、在宅医療・介護を一体的に提供できる体制を構築するための取り組みが求められています。

　また、長引く少子化の影響から生産年齢層の減少などの深刻な問題が発生しています。その一方で新聞等のメディアでは、児童や高齢者の虐待、貧困、引きこもりに関連する深刻な問題が日々報道され、それらの要因は複雑かつ多様であり、これまでの縦割り行政による支援では解決困難な側面が山積していることがうかがえます。

　本書は、このような社会問題への相談援助を行うために必要不可欠な「福祉マネジメント」について概観し、保健・医療・福祉が協働する考え方と、ソーシャルワーク実践についてわかりやすく説いた副読本です。また、ソーシャルワーク実践における事例をあげ、相談援助過程についても紹介しています。

　なお、本書は、筆者らが所属している東北文教大学・東北文教大学短期大

学部の須賀一好学長のご好意により出版する運びとなり、出版に係る費用についても学長裁量費として大学からの援助を受けました。ここに、須賀一好学長はじめ東北文教大学・東北文教大学短期大学部の教職員の方々に深く感謝申し上げます。

　また、日本評論社事業出版部の小川敏明さんには、限られた編集期間の中で発刊まで大変ご尽力いただきました。御礼を申し上げます。

2020 年 3 月吉日

橋本　美香
南條　正人

目　次

第1章

保健・医療・福祉分野における
マネジメント

第1節

保健・医療・福祉マネジメントの理解

1．マネジメントの定義

　広辞苑によるマネジメントの意味は「管理・処理・経営」であり、一般企業等のビジネス界で広く活用されている言葉である。しかし、マネジメントは、ビジネス界に限らず、政府機関、大学、研究所、病院等、あらゆる組織に存在し、組織がなければマネジメントは存在しないといわれる。

　「マネジメントの父」と呼ばれるP. F. ドラッカーは、「組織に成果をあげさせるための機能」と定義している（図1-1）。さらに、マネジメントはその役割によって定義しなければならないとして以下の3つの役割をあげている[1]。

　① 自らの組織に特有の使命を果たす

　　マネジメントは、組織に特有の使命、すなわちそれぞれの目的を果たすために存在する。自らに与えられた使命を確実に果たす役割がある。

　② 仕事を通じて働く人たちを生かす

　　現代社会においては、組織こそ、一人ひとりの人間にとって、生計の資、社会的な地位、コミュニティとの絆を手にし、自己実現を図る手段である。当然、働く人を生かすことが重要な意味を持つ。

　③ 社会の問題解決に貢献する

　　マネジメントには、自らの組織が社会に与える影響を処理するとともに、社会問題の解決に貢献する役割がある。

　あらゆる機関が組織であり、組織が存続するのは自らの機能を果たすことによって、社会、コミュニティ、個人のニーズを満たすためである。組織は目的ではなく手段であり、重要なのは、「その組織はなにか」ではなく、「その組織はなにをなすべきか、機能はなにか」である。

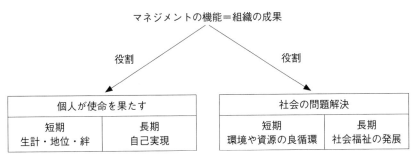

図1-1　マネジメントの機能
（『マネジメント基本と原則』[1]を参考に作成）

2．マネジメントとしての仕事

　マネジメントとしての仕事は、「目標を設定する」「組織する」「動機づけとコミュニケーションを図る」「評価測定する」「人材を開発する」の5つがあるといわれている（図1-2）。

（1）目標を設定する

　目標を設定するためには組織が目指すビジョン（組織としての存在目的）があるはずである。そのビジョンにより近づくためには、より具体的な目標が必要である。そして、連携するそれぞれの部署でさらに自分たちチームが責任を持つべき範囲を明確にして、互いに認識することが求められる。

　また、目標管理の最大の利点は、自らの仕事ぶりをマネジメントできるようになることである。自己管理は強い動機づけをもたらし、最善を尽くすという願望を起こさせるのである。自らの目標を自覚し、かつ目標に照らして、自らの仕事ぶりと成果を評価できなければならない。そのための情報を手にすることが不可欠であり、しかも、必要な措置がとれるよう素早く情報を集める必要がある。

（2）組織する

　目標を設定したら、仕事を分析して、プロセスや手順を明確に設計するこ

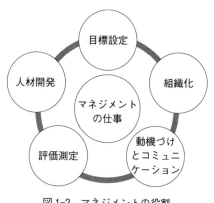

図1-2　マネジメントの役割
(『マネジメント基本と原則』[1)]を参考に作成)

とが必要である。それらの活動と作業を組織構造にまとめ、それぞれの部門のマネジメントを行うべき者を選んで人を配置する。すなわち、仕事の設計があり、組織構造をつくって人を配置することが求められる。

(3) コミュニケーションを図る

　組織の成果を上げるためには、コミュニケーション能力が必要である。目標管理では、部下と上司の考えが違っているかもしれない。しかし、部下は上司とコミュニケーションを図ることによって、優先順位、成すべきことの選択、意思決定などを理解していくことになる。組織においてコミュニケーションは単なる手段ではなく、経験の共有であるとともに組織を形作る役割をも担う。

(4) 評価測定する

　評価測定は、組織全体とスタッフ一人ひとりの成果について行う。スタッフ全員が組織全体の成果と自らの成果について評価を行う。スタッフは、上司との面談や自分自身によって評価し、目標を達成できなかった場合は、その原因を検討する。また、上司はスタッフの課題解決に向けたサポートを行わなければならない。

⑸ 人材を開発する

　仕事の分析やプロセス、管理や情報提供によって、仕事そのものに責任を持つことは働きがいにつながる。そのうえで、成果についてのフィードバックや、継続学習を充実させることが求められる。働くということは人の成長に関わりを持つということである。部下を正しい方向に導き、より大きく、より豊かな人間にすることが、直接的に、自らがより豊かな人間になる。

３．マネジメントとリーダーシップ

　マネジメントを進めるうえで、欠くことのできない要素としてリーダーシップがあげられる。マネジメントする者が中間管理者に求めるリーダーシップがあるだろうし、また、マネジメントする者自身に求められるリーダーシップもあるだろう。上司と部下の関係性の中で、あるいは明確な上下関係がない場合であっても、リーダーとメンバーが相互に影響し合いながら目標達成に貢献することは、組織のビジョンに向けた役割遂行のために欠かせない。そこで、リーダーとメンバーとの相互作用の中で機能すべきリーダーシップとはどのようなものであろうか。筆者は、組織の意思決定、巻き込み力、柔軟性と規律性が必要と考える（図1-3）。

　① 意思決定力
　　目標を達成するためには、組織に存在する問題はなにか、問題の背景にあるものはなにかについて情報を収集しなければならない。そのうえで、問題に関わる変革すべき点と継続すべき点を見極める分析力が必要である。さらに、課題解決の重要性を理解して、やるべきことをやると「決める」ことが必要である。問題点への対処に対する反対意見に耳を傾け、合意を得るまでは論議をわきに置いてあらゆる見方とアプローチを複数検討する。
　② 巻き込み力
　　意思決定し実行するためには、協働する仲間に、課題解決の意義を言語や文書化[2]して伝え、理解してもらう巻き込み力が必要である。なかには、できないことの理由づけをする人もいる。このような人に対しては、なぜ

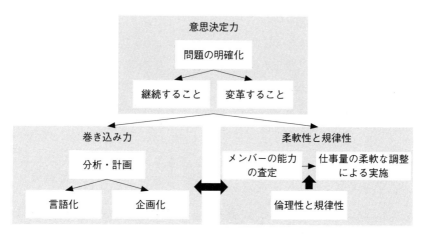

図1-3　リーダーシップに求められる機能

やらなければならないのか、ビジョンと方針を伝える。組織におけるビジョンの共有が協働の志気をあげるのである。文書化によって組織としての見える化が進み、計画、実施、修正、評価について協働する仲間の共通認識ができるのだと考えられる。

③　柔軟性と規律性

　協働する仲間は新人から経験豊富な人材まで幅広く存在するため、それぞれの能力を査定し、仕事量の柔軟な調整と支援を行わなければならない。結果については完璧性に固執せず、仲間を信頼して目標に近づいていく姿勢が求められる。さらに、社会のルールや高い倫理性を持ちながら行動する規律性もなくてはならない。そのためには、リーダーが関心を持って仲間を見守っている姿勢を示し、必要に応じて支援の手を差し伸べたり、修正のアドバイスをすることも必要である。目標が達成できたら、その仲間を評価し、ねぎらいの言葉をかけて成長を認めるとともに、リーダー自身もさらに学び続ける意識が必要である。

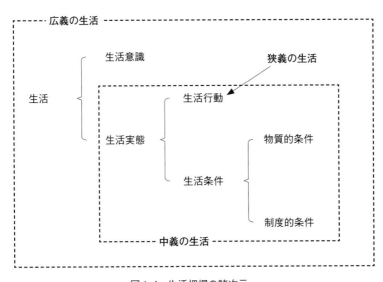

図1-4　生活把握の諸次元
（中山ちなみ『生活研究の社会学的枠組み──生活構造論と生活の概念』[3] から転載）

4．保健・医療・福祉領域におけるマネジメント

（1）保健・医療・福祉領域の専門職に求められる役割

　保健・医療・福祉領域の専門職の役割は一人ひとりの生活を支えることである。中山（1997）[3] は生活構造の枠組みを図1-4 のように示している。

　狭義の生活とは、「職業生活・居住生活・余暇生活それぞれにおける行動」である。中義の生活とは、生活実態のことであり、生活行動に加えて、生活環境などの物質的条件、法や規則などの制度的条件を含めた生活条件である。そして広義の生活とは、生活実態に加えてその意識を含める。

　つまり、人の生活を支える保健・医療・福祉領域の専門職の役割は、単に日常生活の活動や健康を支えるだけにとどまらず、社会の諸要因と過去・現在・未来の継続する時間軸の中で、その人の「自分らしく生きる」を守ることなのだと考える。広義の生活の構造は、相互に関連し合っている。「自分らしく生きる」要素のどこかに支障が出れば、生活全体に影響を及ぼすので

ある。

(2) ヒューマンサービスの特性

　マネジメントはビジネス界だけに必要な要素ではないことは前述したが、しかし、一般的には企業の経営管理的要素が強いイメージがある。

　福祉マネジメント領域においては、個人や家族の問題には地域社会が関わっていることが多い。援助を必要としている個人への支援だけではなく、援助が必要となった社会のしくみそのものへの働きかけ、つまり、ソーシャルアクションが必要となってくるのである。つまり、私たち個人の生活は医療や福祉の別に切り離すことができず、一連のつながりの連続であるが、実際に受けるサービスはそれぞれ縦割りで提供されている。

　組織に欠かせないマネジメントについて考えると、すべてのサービスについて各サービス提供者が理解しているわけではなく、組織はそれぞれ分業されていることになる。分業の不利益を最小限にするためにも、それぞれの部署や職種でのマネジメントが発揮され、さらに小さな組織のネットワークによって大きなネットワークができ、その場においても共通の目標を持ち課題解決させるためのマネジメントが必要といえるだろう。

　保健・医療・福祉分野におけるマネジメントの特性について見てみると、まず考えられることはビジネス界に多い「モノ（製品）を扱う仕事」ではなく、ヒューマンサービスが主流という点にある。

　また、サービスの考え方は、介護保険制度導入を契機として大きく変化したといえるだろう。それまでは、福祉サービスの利用は行政によって受けられるサービスが決められる「措置」によって行われた。つまり、行政やサービスの提供者主体のケア提供であったといえる。ところが、介護保険制度によってサービスの利用者は自分の意思でサービスを選択して契約、受けられるサービスも多種多様となった。また、かつて、サービス提供のことを「処遇」と呼んでいたことから、福祉サービス提供者側の組織中心の考え方だったことがわかるだろう。福祉分野におけるマネジメントは、組織のマネジメントを組織中心から顧客中心に転換することである。

　ヒューマンサービスの特性[4]として、①無形性、②不可分性、③品質の変

動性、④消費性の4つがあげられる。つまり、①無形性は、物質的な「かたち」がないことから、触れることができず、購入前に試したりすることができない、②不可分性は、提供後にモノが残らず「生産」と同時に「消費」されているため、「生産」と「消費」を切り離すことができない、③品質の変動性は、提供する人やタイミングによって提供される品質が異なる、④消費性は、「かたち」がないものであるから保管しておくことや在庫にしておくことができない、サービスを提供できる人材がたくさんいてもためておくことができず、必要時に生産するしかない、ということである。

(3)「地域包括ケアシステム」における保健・医療・福祉のマネジメント

高齢者は複数の疾患を慢性的に抱えており、医療ニーズが高くかつ複合的な介護ニーズを持つ人が多い。このように、地域包括ケアシステム導入の背景には、高齢者の医療・ケアニーズの増大、単独世帯の増大などが存在した。

地域包括ケアシステムの本格的な展開は2005（平成17）年の制度改革より、介護サービス提供と医療サービス提供の両側面から行われた。

超高齢社会にあるわが国では、急速に少子高齢化が進むなか、2025年までにいわゆる「団塊の世代」がすべて75歳以上となる。こうしたなかで、国は、国民一人ひとりが、医療や介護が必要な状態となっても、できる限り住み慣れた地域で安心して生活を継続し、その地域で人生の最期を迎えることができる体制である「地域包括ケアシステム」の構築を推進している。そのためには、ますます保健・医療・福祉分野のマネジメントが重要になってくる。

厚生労働省は、①医療との連携強化、②介護サービスの充実強化、③予防の推進、④見守り、配食、買い物など、多様な生活支援の確保や権利擁護など、⑤高齢期になっても住み続けることのできる高齢者の住まいの整備などによって、医療、介護、予防、住まい、生活支援が切れ目なく継続的かつ包括的に提供されることが必要であるとした。

しかし、実質的な試みが始められ、推進されると考えられていた地域包括ケアシステムは、保険者機能の強化にはつながらず、システム構築は現在も滞っていると筒井（2014）[5]は指摘している。システム構築には、市区町村職

員をはじめとする政策担当者、そして医療や介護のサービス提供を担う事業者といった多様な提供主体が、これを勧める目的やそのデザインのあり方を理解し、これら提供主体をマネジメントする機能を持った実地機関がシステムの効率化のために、それぞれの視点でいかに戦略的に進めるべきかを認識しなければならなかった。もう一点、介護保険制度の導入時に創られた職業の介護支援専門員（以下、ケアマネジャー）についても問題提起がされている。欧米にはヘルスケアにかかるサービス統合にもっぱら従事する人としてケースマネジャーという職業があるが、欧米のこのような職業をモデルとして日本にケアマネジャーは導入された。欧米のケースマネジャーは一般に、入院時から退院して地域に戻るときまでの患者のケアを調整することを業務としているが、日本のケアマネジャーは予防給付や介護給付のマネジメント業務をもっぱら行う者と規定された。したがって、日本のケアマネジャーは医療サービスとの接点はほとんどない者として位置づけられた。つまり、ケアマネジャーは地域包括ケアシステムを統合する能力が具体的には求められてこなかったことが指摘されている。

(4) 医療と福祉領域の連携困難事例

　筆者が体験した事例であるが、医療機関の看護師と介護施設の看護師を対象に、研修の事前課題として相互の連携上の問題について質問したことがある。

　医療機関の看護師は、1つ目として、介護施設から高齢患者を受け入れても、治療後退院の連絡をすると、経管栄養・透析・ADLの低下などがあると介護施設の受入困難がある、2つ目として、肺炎・心不全・骨折・脱水・褥瘡などの治療をして退院させてもまたすぐ同じような状況で入院してくる、3つ目として、入院時のサマリーの内容が不足していてよくわからない、介護施設の看護師が退院カンファレンスに参加しない、情報共有の機会がなく連絡もれがある、などの情報共有不足をあげていた。

　介護施設の看護師は、1つ目として、認知症等のある方の入院受入が困難、協力病院の連携不足から、通院・入院治療につなげにくい、2つ目として、病院では使用できた薬価の高い退院処方が、介護老人保健施設等では薬代が

表1-1　医療機関の看護師と介護施設の看護師の連携上の問題

医療機関の看護師からの問題提起	退院受入困難	経管栄養・透析・ADL の低下など
	入退院の繰り返し	肺炎・心不全・骨折・脱水・褥瘡など
	情報共有不足	入院時のサマリー内容不足 退院カンファレンスに参加しない 情報共有の機会がなく連絡もれがある
介護施設の看護師からの問題提起	入院受入困難	認知症等のある方の入院受入困難 協力病院の連携不足
	医療処置継続困難	薬価の高い退院処方箋 生活の場の医療処置継続困難への無理解
	情報共有不足	退院時サマリー内容不足 退院時の情報不足 情報共有の機会がなく連絡もれがある

含まれる包括医療費となるため、退院後も継続的に使用することができない、医療施設では可能だった医療処置も介護施設では設備や人員体制の制約から継続が困難、3つ目として、退院時のサマリーの内容が不足していてよくわからない、情報共有の機会がなく連絡もれがある、などの情報共有不足をあげていた。つまり、医療と生活の場にはまだ切れ目が生じていたのである。

　このような問題に対して必要なことは、切れ目になりそうな部分で両者が重なることである。たとえば、医療機関の看護師には、介護施設の種別や設置目的、人員配置基準を理解してもらう必要がある。常勤の医師がいる施設なのか、看護師の夜勤体制が整っている施設なのか、もしくは医療職の配置が義務づけられていない施設なのか、その点を理解して退院先を検討する必要がある。また、嚥下機能や心肺機能の低下した脆弱な高齢者が入居しているのが介護施設であり、疾病の治療をしても同じ状態を繰り返すのが高齢者の健康上の特徴であることを再認識しなければならない。入院中の経過をサマリーに記載しても、退院する先の生活の場を知らないままでは適切な退院支援はできない。医療機関から一歩踏み出し、高齢者の生活の場を確認することから支援を始めなければならないのである。

　また、介護施設の看護師は、日頃から医療機関や協力医と連携をとれるよう働きかけておく必要がある。薬価の高い薬の代わりに継続できる治療や、生活の場でも継続できるような医療処置について相談するなど、入院中から

確認しておく点が多数ある。さらに、どんなに人員が不足していても介護施設の医療職として退院カンファレンスには参加して、介護施設側からの意見や継続できる処置の確認をしておく必要がある。

　これは一部の事例であったが、保健・医療・福祉分野におけるマネジメントでは、お互いの働く場をよく知り、かつ、自らが主体的に関わる姿勢をもって、「切れ目」に関わる部分をつなぐための「重なり」を見つけて連携することが重要である。

(5) 保健・医療・福祉のマネジメント好事例

　保健・医療・福祉関連領域の連携については困難事例ばかりではない。他の地域に先駆けて、保健、医療、福祉の専門的なサービスを統合して提供するシステムをつくり、地域包括ケアシステムの構築の参考とされた広島県尾道市の事例[6]と、在宅医療多職種における顔の見える関係づくりに成功した千葉県柏市の事例[7]等があげられる。

(6) 今後の「地域包括ケアシステム」におけるマネジメントのあり方

　地域包括ケアシステムの推進においては、圏域内の住民がどのような医療・福祉ニーズを持っているのかを理解する必要がある。そのうえで、それらのデータを管理・適用するシステムが求められる。

　英国保健省事業ICP（integrated care pilot）では、①ケアを利用者のより身近なところで提供すること、②利用者の視点から見たケアの継続性を保つこと、③ニーズが最も大きい利用者を特定し支えること、④予防ケアの提供を促すこと、⑤病院で提供する必要がないのに病院で提供されているケアの量を減らすことの5つを示している。つまり、地域や自治体のビジョン（方向性・将来像）やミッションを提示し、これに沿ったかたちで政策目標の優先順位・目標水準の設定を行うという戦略的なマネジメントが必要であることを示唆している。

　介護支援専門員の課題については、受験資格を見直し、保健・医療・福祉に係る法定資格保有者に限定することを基本とした見直し、介護支援専門員が身に付けておくべき重要な医療関連の知識として「認知症」「リハビリテ

ーション」「看護」や、自立支援に関連が深い「福祉用具」等の課目についての必修化をするなどの介護支援専門員の研修制度の見直しも検討されるべきである。

第2節
福祉組織のマネジメント

1．組織づくり

　組織においてマネジメントは欠かせない成功要素である。では、組織とはなにか。

　組織について、C.I.バーナードは「組織とは2人以上の人々の意識的に調整された活動や諸力のシステムである」と定義しており、加えて、3つの要素として、「共通目的」、その目的に向かう「協働意欲」、そのプロセスを支える「コミュニケーション」が必要としている。また、バーナードは、組織は必ずしもビジネス界の組織のみを対象としているわけではなく、政府や非営利組織も含めて組織と位置づけている[8]。

　組織には2種類の組織構造がある。1つ目は職能別組織であり、もう1つは事業別組織である。

　職能別組織は職能ごとに責任を持つ形態である。福祉施設で考えれば、施設長をトップに、職能によって区別された相談員部、介護部、看護部、栄養部、事務部、などの構造で分けられる。職能すべてに拠るべき場所があり、誰もが自分に与えられた課題を理解し、専門性を発揮しやすいという利点がある。欠点は、組織全体の目的を理解し、各人の仕事をそれに結びつけることが難しく、適応性に欠けることである。

　事業別組織は事業ごとに組織が分かれ、責任を持つ形態である。福祉施設で考えれば、長期入居部門、短期入居部門、通所部門、訪問部門、などの構造で分けられる。優れた点は、メンバー全員が、自分たちの仕事がなにであ

内部環境	Strength 活かすべき 強みはなにか	Weakness 克服すべき 弱みはなにか
外部環境	Opportunity 機会はあるか	Threat 回避すべき 脅威はなにか

図 1-5　SWOT 分析

内部環境 ＼ 外部環境	機会	脅威
強み	強みを活かし、機会をモノにする方法	強みを活かし、脅威を受けないようにする方法
弱み	弱みを克服し、機会を逃さない方法	弱みを克服し、脅威を受けないようにする方法

表 1-2　クロス SWOT 分析

るか理解しており、新しいアイディアも容易に受け入れられ、事態の変化にも柔軟に対応できる。欠点は、安定性に欠け、経済効率も悪い。人間関係、仕事の割り当て、会議、コミュニケーションなど、内部管理に気を配らなければならない。

　組織を分析する方法として SWOT がある。SWOT 分析は、外部環境や内部環境を「強み」を中心に統合的に分析する手法で、強み（Strength）、弱み（Weakness）、機会（Opportunity）、脅威（Threat）という 4 つのカテゴリーの頭文字から命名された。

　内部環境とは自組織でコントロールできる要因であるが、外部環境は政治、経済、景気、社会の動向、顧客ニーズ、法律などで、自組織ではコントロールできない要因である。SWOT 分析が終わったら、クロス SWOT 分析を行う。それまで収集してきた情報を掛け合わせて 4 つの問いに答えることによって採るべき対策を明らかにする。自組織の強みを活かして機会を勝ち取ることが優先される[9]。

　例をあげてみよう。ある施設では、表 1-3 の SWOT 分析例ができたとしよう。次に、強み vs. 機会「機会をうまく組織の強みで取り込むためにできることはなにか」、機会 vs. 弱み「弱みを補強して機会をつかむためにできることはなにか」、弱み vs. 脅威「自施設の弱みを理解し、脅威による影響を避ける、もしくは最小限にするためにできることはなにか」をクロスして書き込んでみると、「離職者が少なく経験豊富なスタッフが多いという強みを活かすことによって、質の高いサービスの提供を維持すること、また、継続勤務者への介護報酬改訂による給与アップにより、介護スタッフのモチベ

	（強み）	（弱み）
内部環境	職員の仲が良く離職者が少ない 経験豊富なスタッフが多い 活用できる施設内スペースがある	求人活動の機会減少 研修開催の機会が減少 地域との共同イベントが毎年同じ
外部環境	（機会） 要介護者の増加 三世代同居率が高い 介護報酬改訂による給与アップ	（脅威） 人員不足 少子化 同業者の顧客の奪い合い

図1-6　SWOT分析例

外部環境 ＼ 内部環境	機会	脅威
強み	離職者が少なく経験豊富なスタッフが多いことから継続勤務者への介護報酬改訂による給与アップが期待できる。 要介護者の増加や三世代同居率が高い。活用できる施設内スペースがある。	離職者が少なく経験豊富なスタッフが多いものの、求人活動の機会の減少や職員の研修の機会の減少がある。 活用できる施設内スペースがあるが、地域との共同イベントが毎年同じである。
弱み	要介護者の増加や三世代同居率が高い。地域の共同イベントは変化がない。 継続勤務者の給与アップがあるが、求人活動の機会の減少から新人職員の公募にはつながらない。職員の研修の機会の減少がある。	少子化の影響から人員不足がある。 同業者の顧客の奪い合いが発生している。

表1-3　クロスSWOT分析例

ーションアップが期待できる」と「要介護者の増加や三世代同居率が高いことから、地域の在宅での介護ニーズの存在が推測され、活用できる施設内スペースを新たなサービスに活かせるかもしれない」という自組織の強みを活かして機会を勝ち取る方策が見えてくる（表1-3）。

２．福祉サービスの組織

(1) 福祉サービスの組織とは

　福祉サービスは「社会福祉を目的とする事業」（社会福祉法第４条、第５条、第６条）の具体的な行為である。「社会福祉を目的とする事業」の内容とは、地域社会の一員として自立した日常生活を営むことを支援する事業である。社会福祉を目的とする事業のうち、規制と助成を通じて公明かつ適正な実施の確保が図られなければならないものとされており、経営主体等の規制があり、また都道府県知事等による指導監督がある。事業は、第一種社会福祉事業と第二種社会福祉事業に分類され、例にあげると、第一種は特別養護老人ホーム、児童養護施設、障がい者支援施設、救護施設等の経営、第二種は保育所、訪問介護、デイサービス、ショートステイ等の経営である。一方、特段の規制はなく、必ずしも反復的・継続的に行われるものではないボランティアなど、個人や団体による任意の活動としての社会福祉に関する活動がある。

(2) 福祉サービス提供の理念と原則

　ビジネス界では、顧客のニーズに応じた商品開発によって成果をあげることが求められているが、「サービス」と「福祉サービス」を比較して考えてみると、同じ側面と違った側面があるといえる。需要と供給の関係でいえば、サービス利用者は需要側であり、ニーズに応じて質の高いサービスを提供するサービス提供者は供給側ということになることは、ビジネス界と同じ側面と考えられる。マーケティングに基づくサービス提供者が、サービスの質を確保し、サービス利用者のニーズに応じて事業者同士が競い合うことは、顧客のニーズに応じた商品開発を競い合うビジネス界と同じである。たとえば、超高齢社会の先に訪れる多死社会が問題となっているが、開設増加の一途を辿っている高齢者介護施設はいずれ売れなくなる（利用されなくなる）施設が出てくる。ケアの質が低下し、サービス利用者のニーズに対応できなければ利益も上がらず倒産（閉設）する場合もあるかもしれない。

では違っている側面はなにか。社会福祉法の第3条には、福祉サービスの基本的理念が、第5条には福祉サービスの提供の原則が、次のようにあげられている。

社会福祉法第3条〔福祉サービスの基本的理念〕
「福祉サービスは、個人の尊厳の保持を旨とし、その内容は、福祉サービスの利用者が心身ともに健やかに育成され、又はその有する能力に応じ自立した日常生活を営むことができるように支援するものとして、良質かつ適切なものでなければならない」

社会福祉法第5条〔福祉サービスの提供の原則〕
「社会福祉を目的とする事業を経営する者は、その提供する多様な福祉サービスについて、利用者の意向を十分に尊重し、地域福祉の推進に係る取組を行う他の地域住民等との連携を図り、かつ、保健医療サービスその他の関連するサービスとの有機的な連携を図るよう創意工夫を行いつつ、これを総合的に提供することができるようにその事業の実施に努めなければならない」

福祉サービスは単に営利追求のサービス提供者ではない。専門的な倫理性を確保し、専門的知識と技術によってサービス利用者に価値あるサービスを提供する義務があるということである。

福祉サービスのほとんどは集団で提供され、さらには、地域の関連する保健・医療・福祉・介護の各機関の関係職員や専門職チームでサービスを提供する。これからのあらゆる福祉サービス組織は、組織としてのサービス提供体制をどのように確立するか、その組織が持つ力をどう活かすか、組織の持つリスクをどう回避するかといった組織体としてのあり方を確立することが求められている。

(3) サービス提供組織

福祉サービス提供組織は、国や都道府県・市町村などの行政の他に、社会福祉協議会、社会福祉法人、医療法人、特定非営利活動法人、民間事業者な

ど多様化している。ここでは、社会福祉協議会、社会福祉法人、医療法人、特定非営利活動法人について述べる。

社会福祉協議会

社会福祉協議会は地域福祉の推進役として位置づけられており、一定の地域において、社会福祉を目的とする事業を経営する者、社会福祉に関する活動を行う者などの協力を得て、地域の実情に応じた住民の福祉の増進を図ることを目的とする民間組織である。

社会福祉協議会は全国の市町村、都道府県および中央の各段階に組織されている。

多くの社会福祉協議会が取り組んでいる事業や活動としては、①ボランティアセンターの設置、ふれあい・いきいきサロンの設置等のボランティア活動支援、ボランティアの普及活動、②心配ごと相談等の相談事業、③近隣住民の訪問活動などによる小地域での見守りネットワークづくり、④民間福祉サービスの推進に向けた地域福祉活動計画の策定、⑤訪問介護事業、⑥居宅介護事業等の自立支援給付、⑦家族会の組織化や運営の援助、⑧手話講習等の講座開催、⑨生活福祉資金の貸し付けなどがある。

社会福祉法人

社会福祉法において社会福祉法人とは、「社会福祉事業を行うことを目的として、この法律の定めるところにより設立された法人」と定義されている。民間の社会福祉事業経営においては、本来自主性や創意工夫が重視されるべきであるが、他方、社会福祉事業が個人の尊厳を維持し、公共の福祉を増進する公共性の高いものであることから、社会福祉法人はそれを行う主体として、法によって特別に定められた法人である。

社会福祉法人が行う事業は、以下のとおりである。

① 社会福祉事業
　社会福祉法第2条で列挙されている第一種社会福祉事業および第二種社会福祉事業
② 公益事業
　社会福祉と関係のある公益を目的とする事業

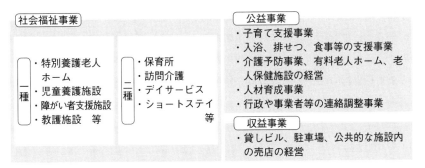

図 1-7　第一種社会福祉事業および第二種社会福祉事業
（厚生労働省「社会福祉法人の概要」社会福祉法人が行う事業[10]）

③　収益事業

その収益を社会福祉事業または公益事業の経営に充てることを目的として行われる事業

社会福祉法人は社会福祉事業の主たる担い手としてふさわしい事業を確実、効率的かつ適正に行うため、「自主的な経営基盤の強化」「福祉サービスの質の向上」「事業経営の透明性の確保」を図る必要がある（法第24条）とされている。

また、社会福祉法人の基本的要件として、「公益性・非営利性」「公共性・純粋性」「公の支配」がある。

「公益性・非営利性」：社会福祉事業を行うことを目的とし（公益性）、残余財産は社会福祉法人その他社会福祉事業を行う者（最終的には国庫）に帰属しなければならない（非営利性）。

「公共性・純粋性」：社会福祉事業の経営主体は、本来、国や地方公共団体等の公的団体であるべきとされた（公共性）。戦前の民間社会福祉事業は、財政的窮乏から、社会福祉事業よりも収益事業の経営を行い、社会的信用の失墜を招いたため、社会福祉法人は、なるべく社会福祉事業のみを経営すべきであるとされた（純粋性）。

「公の支配」：補助金等の助成を受けた社会福祉法人に対し、行政による監督等が行われる。

社会福祉法人の設立には主として「役員等」と「資産等」についての要件が設けられており、役員等に関する要件は「理事」「監事」「評議員」に分かれている。評議員会とは運営に係る重要事項の議決機関であり、理事会は法人の業務執行の決定機関である。監事は理事の執行状況、法人の財産管理を監査する役割がある。

(4) 医療法人

　医療法人は、医療法の規定に基づいて設立される法人であり、病院や診療所、介護老人保健施設または介護医療院の開設を目的として設立される法人である。医療法人が行うことができる社会福祉事業として、第一種社会福祉事業では、ケアハウスの設置・運営、知的障がい者施設など児童入所施設の設置・運営など、身体障がい者療護施設など障がい者入所施設の設置・運営などである。第二種社会福祉事業では、保育所など通所施設の設置運営など、デイサービスセンターなど適所施設の設置・運営などである。医療法人は認可主義が採られており、認可権限が主たる事務所の所在地の都道府県となる。
　医療法人の特徴として非営利性があげられる。医療はかけがえのない生命、身体の安全に直接関わるだけに、これら営利企業にゆだねるのは適当ではない。そのため、医療法では営利目的の病院、診療所の開設を許可しないこととされており、医療法人も営利を目的としないよう、「医療法人は、剰余金の配当をしてはならない」（医療法第54条）と厳格に規制されている。

(5) 特定非営利活動法人（NPO法人）

　特定非営利活動促進法は、特定非営利活動を行う団体に法人格を付与すること等により、ボランティア活動をはじめとする市民の自由な社会貢献活動としての特定非営利活動の健全な発展を促進することを目的とした法人が特定非営利活動法人とする。
　その活動は、「保健、医療又は福祉の増進を図る活動」「社会教育の推進を図る活動」「人権の擁護又は平和の推進を図る活動」「国際協力の活動」「男女共同参画社会の形成の促進を図る活動」「子どもの健全育成を図る活動」等、20種類の分野が該当し、不特定かつ多数のものの利益に寄与すること

を目的とする。

3．福祉の動向と制度、福祉の担い手

(1) 児童虐待防止対策の強化
　児童相談所への児童虐待相談対応件数は年々増加し、重篤な児童虐待事件もあとを立たないなど深刻な社会問題となっている。2018 年、政府は、児童虐待防止対策の強化に向けた緊急総合対策を閣議決定した。さらに、2019年には、同対策のさらなる強化について、以下の 3 点を示した。

　① 緊急安全確認
　　児童相談所および全国の公立小中学校・教育委員会においてすべての虐待ケース、虐待が疑われているケースについて、1 か月以内に緊急安全確認をする。
　　転居を繰り返すなどによって保護者が関係機関との関わりを避けるケースには躊躇なく一時保護、立入調査をする。
　② 新たなルールの設定
　　「通告元は一切明かさない」ルールの設定、威圧的な保護者には複数機関で連携して対応する。
　③ 抜本的な体制強化
　　児童福祉司増加等による体制強化、職員の資質向上、関係機関の対応マニュアルを共有する。

(2) 消費税引き上げと社会保障の充実、幼児教育・保育の無償化
　急激な少子高齢化が進み、現役世代が急激なスピードで減っていく一方で、高齢者は増えていき、社会保険料など現役世代の負担がすでに年々高まりつつあるなかで、社会保障財源の確保が必要となった。所得税や法人税の引き上げを行えば、一層現役世代に負担が集中することとなるが、特定の者に負担が集中せず、高齢者を含めて国民全体で広く負担することができるのは消費税である。そこで、2019 年 10 月 1 日、消費税率が 8 ％から 10％へ引き上

げられた。

関連して、2018年、人づくり革命の政策の一環として、政府は、保育を含む幼児教育の無償化、待機児童の解消等の社会保障の充実を打ち出した。

2019年の新しい経済政策パッケージでは、①待機児童の解消として、子育て安心プランの前倒し、保育士の確保等、処遇改善、②幼児教育・保育の無償化、③介護人材の処遇改善の3点の施策を示した。

(3) 障害者総合支援法

a. 障害者総合支援法の見直し

2013年に施行された「障害者の日常生活及び社会生活を総合的に支援するための法律」（障害者総合支援法）の附則では、施行後3年を目途として障がい福祉サービスのあり方等について検討を加え、その結果に基づいて所要の措置を講ずることとされた。

その趣旨は、障がい者が自らの望む地域生活を営むことができるよう、「生活」と「就労」に対する支援の一層の充実や高齢障がい者による介護保険サービスの円滑な利用を促進するための見直しを行うとともに、障がい児支援のニーズの多様化にきめ細かく対応するための支援の拡充を図るほか、サービスの質の確保・向上を図るための環境整備等を行うことである。

見直しのポイントは大きく分けて次の3つの柱で整理がされた。1つめは「障害者の望む地域生活の支援」として定期的な巡回訪問などの自立生活援助や就労定着支援、2つめは「障害児支援のニーズの多様化へのきめ細かな対応」として障がい児への訪問サービスや自治体における保健・医療・福祉等の連携促進、3つめは「サービスの質の確保・向上に向けた環境整備」として補装具等の貸与などである。

b. 障害者雇用促進法の改正

障害者雇用促進法は、障がい者の職業の安定を図ることを目的とする法律である。障がいのある方に対し職業生活における自立を実現するための職業リハビリテーション推進について、また事業主が障がい者を雇用する義務をはじめ、差別の禁止や合理的配慮の提供義務等を定めている。

2019年、厚生労働省は「今後の障害者雇用施策の充実強化について」と

題する意見書を報告した。報告書では、国および地方公共団体に対する障がい者雇用の促進や公表を求めた。また、民間の事業主に対しては、短時間就労の可能な障がい者等の雇用機会を確保した事業主に対する特例給付金の支給、実施状況が優良な中小企業に対する認定制度の創設等が盛り込まれた。

(4) 介護保険制度

a. これまでの介護保険制度改正

介護保険制度は、2000年の制度創設以来19年を経過し65歳以上被保険者数が約16倍に増加するなかで、サービス利用者数は約32倍に増加し高齢者介護になくてはならないものとして定着している。

2018年の改正では、高齢者の自立支援と要介護状態の重度化防止、地域共生社会の実現を図るとともに、制度の持続可能性を確保することに配慮し、サービスを必要とする方に必要なサービスが提供されるようにすることが盛り込まれた。

なかでも、「地域共生社会」の実現に向けて盛り込まれた共生型サービスについては、社会構造の変化や人々の暮らしの変化を踏まえ、制度・分野ごとの「縦割り」や「支え手」「受け手」という関係を超えて、地域住民や地域の多様な主体が参画し、人と人、人と資源が世代や分野を超えつながることで、住民一人ひとりの暮らしと生きがい、地域をともに創っていく社会を目指すものとされている。

b. 次期介護保険制度改正に向けての取り組み

次期制度改正に向けては、引き続き「高齢化の進展」に対応し、地域包括ケアシステムの深化・推進に取り組みつつ、令和7（2025）年以降の「現役世代人口の急減」という新たな重要課題に対応し、現役世代の人口が急減するなかでの社会の活力維持向上、労働力の制約が強まるなかでの医療・介護サービスの確保を図っていく必要性があることが示された。

検討課題として、介護予防・健康づくりの推進、保険者機能の強化、地域包括システムの推進、認知症「共生」・「予防」の推進、持続可能な制度の再構築・介護現場の革新があげられた。

表 1-4　介護保険制度の改正の経緯

2000(平成 12)年	介護保険法施行
2006(平成 18)年	○ 介護予防の重視（要支援者への給付を介護予防給付に。介護予防ケアマネジメントは地域包括支援センターが実施。介護予防事業、包括的支援事業などの地域支援事業の実施） ○ 施設給付の見直し（食費・居住費を保険給付の対象外に。所得の低い方への補足給付平成 17 年 10 月） ○ 地域密着サービスの創設、介護サービス情報の公表、負担能力をきめ細かく反映した第 1 号保険料の設定など
2009(平成 21)年	○ 介護サービス事業者の法令遵守等の業務管理体制の整備。休止・廃止の事前届出。休止・廃止時のサービス確保の義務化など
2012(平成 24)年	○ 地域包括ケアの推進。24 時間対応の定期巡回・臨時対応サービスや複合型サービスの創設。介護予防・日常生活支援総合事業の創設。介護療養病床の廃止期限の猶予 ○ 介護職員によるたんの吸引等。有料老人ホーム等における前払金の返還に関する利用者保護 ○ 介護保険事業計画と医療サービス、住まいに関する計画との調和。地域密着型サービスの公募・選考による指定を可能に。各都道府県の財政安定化基金の取り崩しなど
2015(平成 27)年	○ 地域包括ケアシステムの構築に向けた地域支援事業の充実（在宅医療・介護連携、認知症施策の推進等） ○ 全国一律の予防給付訪問介護・適所介護を市町村が取り組む地域支援事業に移行し、多様化 ○ 低所得の第一号被保険者の保険料の軽減割合を拡大 ○ 一定以上の所得のある利用者の自己負担を引き上げなど
2018(平成 30)年	○ 全市町村が保険者機能を発揮し、自立支援・重度化防止に向けて取り組む仕組みの制度化 ○ 「日常的な医学管理」「看取り・ターミナル」等の機能と「生活施設」としての機能を兼ね備えた、介護医療院の創設 ○ 介護保険と障害福祉制度に新たな共生型サービスを位置づけ ○ 特に所得の高い層の利用者負担割合の見直し（2 割→3 割）、介護納付金への総報酬割の導入など

(5) 共生型サービスの推進事例紹介

　年齢や障がいの有無などにかかわらず、誰もが住み慣れた地域でデイサービスを受けられる場所が「富山型デイサービス」[11]である。

　平成 5 年 7 月、惣万佳代子氏ら 3 人の看護師が「家庭的な雰囲気のもとで、ケアを必要とする人たちに在宅サービスを提供したい」という思いから、県内初の民間デイサービス事業所「このゆびとーまれ」を開設した。

　開設前は高齢者向けデイサービスを想定していたが、開設初日の利用者は障がい児だった。病院で看護師として働いていた惣万氏らにとっては、障がい児者であってもケアするということは当然のことであった。以降、「誰も

排除しない」の理念のもと、高齢者、障がい者、子どもなど、誰もが利用できるデイサービス事業所として運営されている。

さまざまな人たちが1つの場で過ごすことが特徴である富山型デイサービスの効用として、

〈高齢者にとって〉子どもと触れ合うことで、日常生活の改善や会話が促進する

〈障がい者にとって〉居場所ができることで、自分の役割を見出し、自立へとつながる

〈子どもにとって〉他人への思いやりや優しさが身につく

といったことがあげられる。

第3節

専門職連携(IPW: Interprofessional Work)

1．チーム医療と専門職連携

WHO（世界保健機関）憲章前文（1948年）では、健康とは「病気ではないとか、弱っていないということではなく、肉体的にも、精神的にも、そして社会的にも、すべてが満たされた状態にあることをいう」と記され、かつ「人種、宗教、政治信条や経済的・社会的条件によって差別されることなく、最高水準の健康に恵まれることは、あらゆる人々にとっての基本的人権のひとつである。世界中すべての人々が健康であることは、平和と安全を達成するための基礎であり、その成否は、個人と国家の全面的な協力が得られるかどうかにかかっている」と、国民の健康と平和、そして基本的人権について強調されている。これは、保健・医療・福祉に求められる責務と考えられる。

医療の質や安全性の向上および高度化・複雑化にともなう業務の増大に対応するため、多種多様なスタッフ各々の高い専門性を前提とした業務分担と

	これまで ➡ これから	
【目的の明確化】	専門職ごとのクライエントのゴール設定	専門職間でクライエントのゴールを共有
【情報の共有と開示】	専門職ごとのクライエントの情報を管理 消極的なクライエントや家族の治療・ケアへの参画	専門職間でクライエントの情報を共有 積極的なクライエントや家族の治療・ケアへの参画を促す
【職種専門性の高さ】	専門職(医師)主導の方針決定	他の職種の専門性向上を認める
【専門職間のコミュニケーション】	指示・命令型	他の職種の専門職の見方、考え方を尊重し、クライエント・家族を含む意思決定
【リーダーシップ】	チームのリーダーは医師に固定	クライエントや家族のニーズやその時々の状況に応じてリーダーが変わる柔軟性
【チーム医療のアウトカムズ】	部分的	クライエントの満足度向上、チームの満足度向上 施設マネジメントの満足度向上など

図1-8 これまで（従来）のチーム医療とこれから（新しい）のチーム医療
（『新しいチーム医療』[14] より転載）

連携による「チーム医療」が実践されている。

中西（1977）[12] は、チーム医療について「総合医療をめざすチームの成員相互の民主的な協働関係」と述べている。また、厚生労働省の「チーム医療の推進に関する検討会報告書」では、「医療に従事する多種多様な医療スタッフが、各々の高い専門性を前提に、目的と情報を共有し、業務を分担しつつも互いに連携・補完し合い、患者の状況に的確に対応した医療を提供すること」[13] と記載されている。

チーム医療を推進するためには、最高の医療の提供は当然であるが、一人の人間であることを主眼に置き、心理面や社会面も含めた支援と、医療専門職だけではない協働が求められる。田村（2018）[14] は、専門職連携（以下、IPW）について、「2つ以上の異なる専門職が患者とその家族とともにチームとして彼らのニーズやゴールに向かって協働すること」と定義し、「チーム医療」の要素も同じであり、特に「協働」を基盤とした IPW は「新たなチーム医療」あるいは「真のチーム医療」ととらえられると述べている。

2. 専門職連携教育

卒前・卒後の専門職連携教育（IPE：Interprofessional Education）は重要であり、専門職種としての知識や技術に関する縦の教育と、チームの一員として他の職種を理解することやチームリーダー・マネージャーとしての能力を含めた横の教育が必要である。医療・福祉系大学における専門職連携教育の報告も見られるようになってきており、今後も基礎教育における課程からIPWの視点を修得することが求められている。

しかし、チーム医療に関する多職種連携教育の報告は多いものの、在宅ケアに関わる介護福祉士との協働実践報告は少ない。

専門職連携教育では集合型講義のように一方的・受動的に知識を伝達するだけではなく、多数の専門職がお互いについて学ぶという相互作用が重視される。専門職連携教育を通じて各々の専門職が協働実践に向けた準備をして、臨床場面で複数の専門職が協働の実践を成し遂げて、患者の生活の質の向上を実現することを目指している[15]。

地域における専門職連携教育の一例として、東京大学高齢社会総合研究機構の「在宅医療推進のための地域における多職種連携研修会」があげられる。当該プログラムはかかりつけ医の在宅医療参入の動機づけと市町村を単位とする多職種連携の促進を目的とし、市町村行政と郡市医師会が並立して医師を含む多職種連携の研修会の主催・運営することを想定している[16]。

また、公益社団法人全国国民健康保険診療施設協議会「小規模自治体における多職種研修」[17]に多職種研修プログラム・運営ガイド・研修教材などが紹介されているので参考にされたい。

3. 多職種チームによる協働

専門職種の積極的な活用と多職種間協働によって実践されるチーム医療において医療の質的な改善を図るためには、①コミュニケーション、②情報の共有化、③チームマネジメントの3つの視点が必要である[18]。

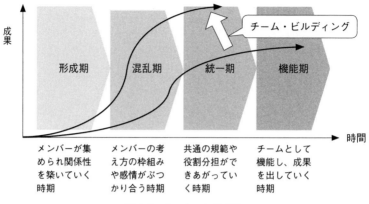

図1-9　タックマンモデル
（『チーム・ビルディング』[19]より転載、一部改変）

図1-10　チーム・ビルディングの4つの要素

　また、効率的な医療サービスを提供するためには、①情報の共有、②業務の標準化が必要である。

　さらに、多職種が協働するためにはチームの人間関係が大きく関わる。組織は同じ目的を持った人の集まりであると同時に、関係性の集まりでもある。関係性の良し悪しがチームのパフォーマンスに大きな影響を与える。

　タックマンモデルでは、チームがチームとして機能するまでのプロセスについて述べている。集まったメンバー同士で関係性を築いて協働意欲を高め、コミュニケーションしやすい環境を整えなければならない。これら一連のプロセスをチーム・ビルディングと呼ぶ[19]。チーム・ビルディングの4つの要素は、①「活動の枠組み」として、チームの狙い、目標（ゴール）、プロセス（段取り）、活動指針（規範）など、チームをつくるうえでの枠組みをデザインし、メンバー間で共有する、②「構成メンバー」として、チームの力を

最大限発揮するメンバー選び、③「場（環境）」として、部屋選び、座席の
レイアウト、空間演出など、活動スペースをデザインする、④「関係性」と
して、アイスブレイクや簡単なエクササイズ（協働体験）を通じて、関係性
づくりを促進する必要性がある。

4．チーム医療と福祉の担い手

(1) 社会福祉に関わる職種
　超高齢社会にあるわが国では、福祉サービスへの需要の増大に加え、質の
充実も求められており、サービス提供の根幹にある福祉人材の養成・確保は
重要な課題である。2018年の労働力調査では、医療・福祉分野の就業者数
は831万人となっており、増加傾向にある。
　医 師
　医師は「医師法」を根拠としている。医師法には、「医師でなければ、医
業をなしてはならない」とされている。医業とは、日常的、継続的に業務と
して医行為を行うことを指し、医行為とは、「医師が行うのでなければ保健
衛生上危害を生ずるおそれのある行為」とされている。
　医師は、患者の訴えに耳を傾け、検査結果等から病気を診断し、同意を得
たうえで適切な治療を行う職種である。近年では特に、患者の社会復帰や、
疾病予防、健康の維持・管理に対する期待が大きい。
　社会福祉士
　社会福祉士は「社会福祉士および介護福祉士法」を根拠とし、登録を受け、
社会福祉士の名称を用いて、専門的知識および技術をもって、身体上もしく
は精神上の障がいがあることまたは環境上の理由により日常生活を営むのに
支障がある者の福祉に関する相談に応じ、助言、指導、福祉サービスを提供
する者または医師その他の保健医療サービスを提供する者その他の関係者と
の連絡および調整その他の援助を行うことを業とする者をいう。
　保健医療サービスや介護福祉サービスなどにおける相談を主な業務として、
障がい者の自立支援、児童支援、高齢者支援などに貢献している。

介護福祉士

介護福祉士は「社会福祉士及び介護福祉士法」を根拠とし、登録を受け、介護福祉士の名称を用いて、専門的知識および技術をもって、身体上または精神上の障がいがあることにより日常生活を営むのに支障がある者につき心身の状況に応じた介護（喀痰吸引その他のその者が日常生活を営むのに必要な行為であって、医師の指示の下に行われるものを含む）を行い、ならびにその者およびその介護者に対して介護に関する指導を行うことを業とする者をいう。

医療の発展にともなって、多くの高齢者や障がい者は複数の病気や障がいを持ったまま在宅や施設等の地域で暮らしている。介護福祉士の仕事は単なる生活援助をすることではなく、ケア対象者の希望を叶えるために、計画的にケアを立案し実践を重ねていくことにある。ケア対象者のこれまでの生活の歴史を知り、現在の持てる力と生活課題を明らかにして、ケア対象者のこれからの生活を豊かにしていく専門職であり、社会的ニーズは高い。

看護師・准看護師

看護師は、「保健師助産師看護師法」を根拠とし、厚生労働大臣の免許を受けて、傷病者もしくは褥婦に対する療養上の世話または診療の補助を行うことを業とする者をいう（第5条）。また、准看護師は、「保健師助産師看護師法」を根拠とし、都道府県知事の免許を受けて、医師、歯科医師または看護師の指示を受けて、第5条に規定することを行うことを業とする者をいう。

看護師・准看護師の本質的業務である「療養上の世話」は、病院、在宅、介護施設においても、患者・利用者の心身の状態に応じて療養全般を支える「絶対的看護行為」である。医療依存度の高い高齢者や障がい者の療養支援の要としてのキーパーソンといえる。

理学療法士・作業療法士

理学療法士は、「理学療法士及び作業療法士法」を根拠とし、厚生労働大臣の免許を受けて、理学療法士の名称を用いて、医師の指示の下に、理学療法を行うことを業とする者をいう。作業療法士は、「理学療法士および作業療法士法」を根拠とし、厚生労働大臣の免許を受けて、作業療法士の名称を用いて、医師の指示の下に、作業療法を行うことを業とする者をいう。

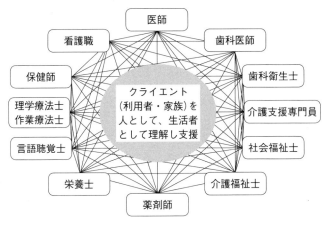

図 1-11　多職種チームによる連携

　障がいを持った人が社会生活を継続するために、機能回復の訓練や、障がいのない機能を使った代替行為の取得のために必須となる職種である。理学療法士・作業療法士は、医療機関のみならず、介護施設や在宅などその活躍の場は幅広い。

(2)「チーム医療」に関わる構成職種

　前述したように「チーム医療」に関わる職種は医療職だけではない。以前、筆者が看護学実習の担当教員をしていたときに、看護学生が受け持った患者の NST（栄養サポートチーム）カンファレンスが開催された。その場には、医師・看護師・薬剤師・管理栄養士・言語聴覚士などが参加していたが、実際に食事介助を実施していた介護福祉士は召集されていなかった。疑問に思った看護学生の質問から、次回から介護福祉士も参加するようになったのである。「新しいチーム医療」に関わる職種は、医療・福祉サービスを利用するクライエントを人として生活者として理解し、それぞれの専門職が情報を共有し、専門的役割を担いながらクライエントを支えることが多職種による連携である（図1-11）。

　代表的なチーム医療の構成職種としては、医師、歯科医師、看護職（看護師・准看護師）、保健師、薬剤師、栄養士、理学療法士・作業療法士、言語聴

覚士、介護福祉士、歯科衛生士、介護支援専門員、社会福祉士等があげられる。

引用文献

1）P. F. ドラッカー（上田惇生編訳）マネジメントエッセンシャル版 基本と原則，ダイヤモンド社，2011.

2）古川久敬 協働と連携を生むグループマネジメント入門 リーダーとしての基軸づくり 第2版，日本看護協会出版会，2016.

3）中山ちなみ 生活研究の社会学的枠組み 生活構造論と生活の概念，京都社会学年報，5, 171-194, 1997.

4）最新介護福祉士養成講座1 人間の理解，中央法規出版，2019.

5）筒井孝子 地域包括ケアシステム構築のためのマネジメント戦略，中央法規出版，2014.

6）広島の地域包括ケア，尾道市北部，公立みつぎ総合病院を核とした住民参加の地域包括ケアシステム.

7）東京大学高齢社会総合研究機構（編）地域包括ケアのすすめ，東京大学出版会，2015.

8）小野伸一 組織経営の古典的著作を読む(I) チェスター・I・バーナード『経営者の役割』，経済のプリズム，113, 11-26, 2013.

9）大島敏子（監）経営感覚と看護の心を両立させる組織づくりとマネジメントの鉄則，メディカ出版，2014.

10）厚生労働省，社会福祉法人の概要.

11）公益財団法人長寿科学振興財団健康長寿ネット 全国へ広がる富山型デイサービス 富山県厚生部厚生企画課.

12）中西睦子 チーム医療における医師－看護婦関係，看護，29(5), 1977.

13）厚生労働省，チーム医療の推進について，平成22年3月19日.

14）田村由美（編著）新しいチーム医療 改訂版，看護の科学者，2-3頁，2018.

15）藤田益伸 在宅介護場面における専門職連携教育，平成27年度岡山大学大学院社会文化科学研究科学位論文.

16）東京大学高齢社会総合研究機構「在宅医療推進のための地域における多職種連携研修会」.

17）公益社団法人全国国民健康保険診療施設協議会「小規模自治体における多職

　　種研修」.

18）厚生労働省，平成 23 年 6 月チーム医療推進方策検討ワーキンググループ（チー
　　ム医療推進会議）チーム医療推進のための基本的な考え方と実践的事例集.

19）堀公俊，加藤彰，加留部貴行　チーム・ビルディング　人と人を「つなぐ」技
　　法，日本経済新聞出版社，2013.

参考文献

厚生労働省，障害者総合支援法施行 3 年後の見直しについて，平成 27 年.

国民の福祉と介護の動向，2019/2020 厚生の指標，66 ⑽，一般財団法人厚生労働省
　　統計協会，2019.

新・社会福祉士養成講座 11　福祉サービスの組織と経営　第 5 版，中央法規出版，
　　2017.

第2章

権利擁護と成年後見制度

第 1 節

権利擁護

1. 福祉と権利擁護

　権利擁護とは、サービス利用者に対する権利侵害を排除し、利用者本人の意思を可能な限りくみ取ってその権利行使を支援するための諸制度とそれらに基づく一連の取り組みを指す。

　福祉サービス利用者の権利擁護がきわめて重視されるようになってきている背景としては、①福祉サービスの対象者には、認知症のある高齢者や、知的もしくは精神に障がいを持ち、判断能力に問題を持つ人が多く、権利侵害を受けやすいといった状況にあること、②サービス利用者側と提供者側の立場の非対等性、③福祉サービスの利用方式に契約の仕組みが導入されたことによって、福祉サービス利用契約を締結するにあたって適切な支援が必要となってきたことなどが指摘される。

(1) 国際連合よる世界人権宣言

　1948（昭和 23）年の国際連合による世界人権宣言では、その前文で「人類社会のすべての構成員の固有の尊厳と平等で譲ることのできない権利とを承認することは、世界における自由、正義及び平和の基礎である」とし、「人権の無視及び軽侮が、人類の良心を踏みにじった野蛮行為をもたらし、言論及び信仰の自由が受けられ、恐怖及び欠乏のない世界の到来が、一般の人々の最高の願望として宣言された……（以降、略）」ことを受けて、法の支配によって人権を保護することが肝要であるとされている。

　第 1 条では、「すべての人間は、生れながらにして自由であり、かつ、尊厳と権利とについて平等である。人間は、理性と良心とを授けられており、互いに同胞の精神をもって行動しなければならない」と規定されている。

　第 2 条は、「すべて人は、人種、皮膚の色、性、言語、宗教、政治上その

他の意見、国民的若しくは社会的出身、財産、門地その他の地位又はこれに類するいかなる事由による差別をも受けることなく、この宣言に掲げるすべての権利と自由とを享有することができる……（以降、略）」としている。

　第3条から第21条までは、市民的、政治的権利について、第22条からは経済的、社会的および文化的権利等について規定されている。

　さらに、世界人権宣言で規定された権利に法的な拘束力を持たせるため、1966（昭和41）年には、経済的、社会的及び文化的権利に関する国際規約（A規約）と市民的及び政治的権利に関する国際規約（B規約）が採択された。

　経済的、社会的及び文化的権利に関する国際規約（A規約）の第1条には、「すべての人民は、自決の権利を有する。この権利に基づき、すべての人民は、その政治的地位を自由に決定し並びにその経済的、社会的及び文化的発展を自由に追求する」と記し、第15条には、「この規約の締約国は、すべての者の次の権利を認める」として、(a)文化的な生活に参加する権利、(b)科学の進歩及びその利用による利益を享受する権利 (c)自己の科学的、文学的又は芸術的作品により生ずる精神的及び物質的利益が保護されることを享受する権利、の3点をあげている。

　また、市民的及び政治的権利に関する国際規約（B規約）の第1条には、「すべての人民は、自決の権利を有する。この権利に基づき、すべての人民は、その政治的地位を自由に決定し並びにその経済的、社会的及び文化的発展を自由に追求する」として、第47条では、「この規約のいかなる規定も、すべての人民がその天然の富及び資源を十分かつ自由に享受し及び利用する固有の権利を害するものと解してはならない」と結んでいる。

　世界人権宣言は、基本的人権尊重の原則を定めたものであり、それ自体が法的拘束力を持つものではないが、初めて人権の保障を国際的にうたった画期的なものである。

　このような経済的、社会的及び文化的権利に関する国際規約（A規約）と市民的及び政治的権利に関する国際規約（B規約）の他にも、以下のような人権関係条約や個別の人権を保障するためにさまざまな権利条約が採択された。

・経済的、社会的及び文化的権利に関する国際規約（A規約）

・市民的及び政治的権利に関する国際規約（B規約）

・あらゆる形態の人種差別の撤廃に関する国際条約（人種差別撤廃条約）

・女子に対するあらゆる形態の差別の撤廃に関する条約（女子差別撤廃条約）

・拷問及び他の残虐な、非人道的な又は品位を傷つける取扱い又は刑罰に関する条約（拷問等禁止条約）

・児童の権利に関する条約（子どもの権利条約）

・強制失踪からのすべての者の保護に関する国際条約（強制失踪条約）

・障害者の権利に関する条約（障害者権利条約）

（2）日本における人権

① 日本国憲法による基本的人権

日本国憲法とは、国家の基本法である。基本的人権は「侵すことのできない永久の権利」として「現在及び将来の国民に与えられる」と規定されている（憲法第11条）。

なかでも、「個人の尊重」と「幸福追求権」の規定は基本的人権の最大の主眼とし、すべての人権の基礎となる包括的人権といわれている（憲法第13条）。また、そこから派生する基本的人権の保障・国民主権・平和主義が三大原理・原則とされている。さらに、「法の下の平等」（憲法第14条）も基本的人権の基礎となる。憲法第25条では、国民の生存権と国の生存権保障義務が規定されている。

基本的人権に関連深い日本国憲法の一部抜粋

憲法第11条：国民は、すべての基本的人権の享有を妨げられない。この憲法が国民に保障する基本的人権は、侵すことのできない永久の権利として、現在及び将来の国民に与えられる。

憲法第13条：すべて国民は、個人として尊重される。生命、自由及び幸福追求に対する国民の権利については、公共の福祉に反しない

限り、立法その他の国政の上で、最大の尊重を必要とする。（個人
の尊重、生命・自由・幸福追求の権利）

憲法第14条：すべて国民は、法の下に平等であって、人種、信条、
性別、社会的身分又は門地により、政治的、経済的又は社会的関係
において、差別されない。（法の下の平等）

憲法第25条：すべて国民は、健康で文化的な最低限度の生活を営む
権利を有する。

　2：国は、すべての生活部面について、社会福祉、社会保障及び公
衆衛生の向上及び増進に努めなければならない。（生存権、国の生存
権保障義務）

　平等権の規定も基本的人権の基礎となるものであり、さらに、自由権、参
政権、社会権、請求権などを定めている。

平等権：すべての人が平等に扱われる権利

自由権：精神的自由（思想・信教・表現・学問・政治を正す結社の自由）、
　経済的自由（財産活用・職業選択などの経済活動の自由）、人身の自由
　（正当な理由なく個人の身体を拘束されないこと）の保障

社会権：生存権、教育・労働などの人が人らしく生きていくために必
　要最低限認められるべき権利

参政権：選挙権や被選挙権など、国民が国政に参加することができる
　権利

請求権：人権が侵害されてしまった場合、権利侵害に対して救済を国
　に求められる制度や権利

② 人権に対する教育

　人権教育については、学校教育および社会教育を通じさまざまな取り組み
が行われている。学校教育では、児童生徒が各教科、道徳、特別活動等の授

業で学習したり、クラスで話し合ったりするなど、発達段階に応じた取り組みが行われている。幼稚園においては、遊びや生活を通して、幼児が他の幼児との関わりの中で他人の存在に気づき、相手を尊重する気持ちで行動できるようにするなどの人権尊重の精神の芽生えをはぐくむような取り組みが行われている。

　大学等における人権教育については、法学一般、憲法などの法学の授業に関連して実施されている。また、教養教育に関する科目等として人権教育に関する科目が開設されている大学もある。

　社会教育では、生涯の各時期に応じて各人の自発的学習意思に基づき、人権に関する学習ができるよう、生涯学習の視点に立って、公民館等の社会教育施設を中心に学級・講座の開設や交流活動など、人権に関する多様な学習機会が提供されている。

(3) 福祉サービスにおける権利擁護

　福祉サービスにおける権利擁護として、第1章第2節で取り上げたように、社会福祉法の第3条には福祉サービスの基本的理念、第5条には福祉サービスの提供の原則が規定されている。すなわち、福祉サービスにおける権利擁護とは、サービス利用者に対する権利侵害を排除し、利用者本人の意思を可能な限りくみ取って、その権利行使を支持するための諸制度とそれに基づく一連の取り組みを指す。

　また、社会福祉法に新たに追加された第8章「福祉サービスの適切な利用」では、利用者の選択を保障するための仕組みの整備が不可欠となり、具体的には、利用者の判断を可能にする十分かつ適切な情報の確保と、判断能力が不十分なために自らサービスを選択して利用することが困難な者を保護するための福祉サービスの利用の援助等を定めることとされた。

(4) 社会福祉と基本的人権に関する問題提起

　憲法第25条の「生存権」は、社会福祉における重要な理念と位置づけられ、国が国民の生活を保障するという発想にある。

　20世紀以降、貧困などの問題の原因が「個人の怠惰」ではなく、「社会の

問題」であるという認識が強くなった。その中で「人間らしい生活の保障」のために、「国が国民に積極的に関与すべき」という意見も強くなり、国が国民の人間らしい生活を保障する「生存権」や国が国民のために社会保障や雇用政策を積極的に行う「福祉国家」の流れにもつながっている。

憲法第25条の生存権をめぐって争われた代表的な訴訟がある。「朝日訴訟」と「堀木訴訟」である。

① 朝日訴訟

「朝日訴訟」とは、「人間にとって生きる権利とはなにか」を真正面から問いかける意味で「人間裁判」とも呼ばれる。肺結核で療養所に入所していた原告が、生活保護法による生活扶助（1956年当時で月額600円の日用品費）を受けていたが、兄から月額1500円の仕送りを受けることとなり、社会福祉事務所が、仕送り1500円のうち600円を日用品費に充当させ、残り900円を医療費の一部として原告に負担させる決定をした。これに対して、日用品費600円の金額は、憲法の保障する健康で文化的な最低限度の生活基準を維持するに足りないとして、1957年に原告が訴えを起こした事件である。

② 堀木訴訟

「堀木訴訟」とは、1970年、全盲で障害福祉年金を受給していた原告は児童扶養手当の受給資格の認定を申請したが、年金と手当の併給禁止規定によりその申請を却下された。この併給禁止規定が憲法第25条と憲法第14条（法の下の平等・差別の禁止）に違反するとして訴えを起こした事件である。

③ 近年の基本的人権に関する判断基準の問題

記憶に新しいところでは、1994年、埼玉県桶川市で7月、生活保護受給者だった79歳の女性がクーラーを購入したところ、「クーラーは生活保護家庭にはぜいたく品」とする市役所の指示でクーラーの取り外しを余儀なくされ、この女性が脱水症に陥り入院に至った事件である。日本国憲法第25条1項にうたわれている「すべて国民は、健康で文化的な最低限度の生活を営む権利を有する」という理念を直接的に実現するために設けられている制度であり、なにをもって「最低限度」以下と認定するのか行政の判断基準が問われた。

岡村（2010）[1]は、社会福祉法制の根拠を日本国憲法第25条とする見解が

支配的である点ならびに「欠乏からの自由」を強調する社会的人権が、支配的であるけれども、果たして現実の社会福祉サービスにおいてそのような社会的人権の一方的な強調は正しいのか、と問題提起している。そして、社会福祉サービスは、単に欠乏からの自由を保障するだけでは不十分であり、同時に対象者の市民的人権を保障するような援助が必要であると続ける。さらに、個人の市民的人権の尊重は、社会福祉以外の社会的人権の保障に関わるすべての専門分業制度にとっても必要な配慮となりつつあるが、社会福祉はこれらの個人の生活者としての主体性を援助することを専門とする制度であるだけに、個人の社会的人権はもちろん、市民的人権の保障にも責任を負わなければならないであろう、と述べている。

　すべての人に人間らしい生活が保障されるべきだという倫理は、どのような人間でも、どのような社会の中にあっても、当たり前で普遍的な権利のはずである。しかし、人間の歴史において、男性社会だけの人権であったり、人種による排除があったりと、国や時代によって変化してきた。さらに、「人間らしい生活」がそのときの社会のあり様によって変化し、かつ、それに関わるのは多様な価値観を持つ人間である。現代社会においては、人権意識が浸透してはいるものの、なお、高齢者や障がい者などの社会的弱者や女性、あるいは外国人に対する差別や偏見が見られ、また学校におけるいじめ、エイズ感染者への差別や偏見など、新たな人権に係る問題が発生している。私たちはその一つひとつについて真摯に考え続けることが大切なのだと考える。

2．権利擁護と民法

　法律は公法と私法に分類され、公法は国や地方自治体などの行政主体と私人（国民・住民・市民・事業所）との関係を定めた法律である。一方、私法は私人同士の責任配分を決めた法律であり、民法は私法の基本法である。「私法」とは私人相互間の権利義務関係（法律関係）を規律する法のことをいう。民法は日常生活の中で身の回りに起こる当事者間の権利義務関係に関するさまざまな争いを解決するための法律といえる。民法は権利や義務の主体とな

りうるか否かを判断する基準を提供している。

　民法には３つの原則があり、誰もが平等に権利義務の主体となることができるという権利能力平等の原則、個人の有する所有権は、他人はもちろん、国家権力によっても侵害することができないという所有権絶対の原則、私人間における権利義務関係（法律関係）は国家権力の介入によってではなく、各個人の自由意思に基づき規律されるべきであるとする私的自治の原則である。さらに、私的自治の原則からは、法律行為自由の原則、過失責任の原則が派生する。

　民法は、総則、物権、債権、親族、相続の５編から成り立っており、物権、債権は財産法と呼ばれ、親族、相続は家族法と呼ばれる。権利擁護と重要な関連を持つ法律が民法であり、福祉サービスの利用にあたって、契約は必要不可欠な法律行為である。そのため、ここでは民法の債権の中から「契約」について取り上げる。

(1) 契　約

　福祉サービスの利用にとって不可欠な法律行為は契約であり、「契約自由の原則」として機能する。「契約自由の原則」は、①相手方選択の自由、②内容・方式決定の自由、③締結の自由、を包括的にとらえた原則である。

　契約は、贈与・売買・交換・消費貸借・使用貸借・賃貸借・雇用・請負・委任・寄託・組合・終身定期金・和解という13種類の契約が規定されており、この13種類の契約のことを「典型契約」、13種類の典型契約とは異なるタイプの契約を「非典型契約」という。

　また、売買・交換・賃貸借・雇用・請負・組合・和解など、契約当事者が相互に対価としての意義を有する債務を負担する契約のことを「双務契約」、贈与・消費貸借・使用貸借など、当事者の一方のみが債務を負担する契約を「片務契約」という。

　さらに、当事者間の合意のみで成立する契約のことを「諾成契約」、消費貸借・使用貸借・寄託など、当事者間の合意だけではなく、一定の給付があって初めて成立する契約のことを「要物契約」という。

(2) 契約の成立と解消

　契約は、「申込」と「承諾」という両当事者の合意によって成立する。た
とえば、商品やサービスを購入したいと思って申し込み、相手がそれを承諾
したときに成立する。そして、契約の成立によって当事者間に権利義務（債
権債務）が発生する。

　「債権」：契約の相手方に一定の行為を請求する権利

　「債務」：契約の相手方に対して一定の行為をなす義務

　契約は法的な拘束力を持った約束であるため、契約がいったん有効に成立
した場合、簡単には解消できない（契約当事者が制限行為能力者である場合や
契約締結過程に問題があり、民法などの法律による取消事由がある場合には、取
消権者が取消しできる）。そのため、契約の目的が達せられて終了する場合を
除いては、契約を解消できる場合は限られる。契約の解除は、法定解除（相
手方に債務不履行がある場合等）と約定解除（当事者間が解除できるという内容
の合意をしている場合等）の2種類がある。

(3) 死後の事務委任契約[2)]

　第653条【委任の終了事由】では、委任は「委任者又は受任者の死亡」
「委任者又は受任者が破産手続開始の決定を受けたこと」「受任者が後見開始
の審判を受けたこと」によって終了することになっている。

　身寄りのない人や一人暮らしの高齢者の場合、葬儀や諸届けなど自分の死
んだ後に発生する事務をほかの人に委任する「死後事務委任契約」があり、
当事者間で委任者の死亡によっても終了させない旨の特約を結ぶことによっ
て委任契約を終了しないことが可能となる。委任する内容として次のような
項目が考えられる。

① 通夜・告別式などの葬儀や納骨、永代供養等に関する事務

② 医療費・施設利用料その他委任者の生前に発生した債務の支払い

③ 賃貸不動産の明け渡しや敷金等の受領

④ 家財道具や生活用品の処分

⑤ 親族ほか関係者への連絡

⑥ 行政官庁等への諸届け

なお、事務にともなう費用や受任者に対する報酬は遺産の中から支払いを受ける旨も明記しておく必要がある。

3．権利擁護と行政法

行政法とは行政（行政権）に関するすべての法令の総称であり、憲法、民法、刑法のような基本となる法典がない。行政法とは、「行政の組織、行政の活動、その活動から生ずる紛争の処理ないし私人の権利救済に関する法律」[3]と定義することができる。行政法では、国家と私人（＝国民・住民・市民・事業所）との関係を法的に構成し、行政作用に対する法的コントロールを及ぼす。つまり、行政が思うまま活動することを認めれば、国民の自由や権利が害されるおそれがあるため、国民の代表である議会が定めた法律に従ってのみ行われなければならないこととして、行政が勝手に活動できないよう行政をコントロールするのである。

行政法には、行政手続法、行政不服審査法、行政事件訴訟法、国家賠償法などの重要な法律が存在する。

(1) 行政組織法（誰が行政を行うのか）

行政主体の第1は国である。第2の行政主体としての地方公共団体には、普通地方公共団体として都道府県および市町村、特別地方公共団体として特別区（東京23区）等がある。

(2) 行政作用法（どのように行政を行うのか）

行政行為（処分）とは、行政主体が、法に基づき、公権力の行使として国民に対し具体的に法的規制をする行為である。

行政行為は、「法律行為的行政行為」（下命・禁止、許可、免除、特許、認可、代理）と「準法律行為的行政行為」（確認、公証、通知、受理）に分けられる。

行政行為には、私法行為や他の国家行為には見られない特殊な効力がある。

① 不可争力

　原則として 60 日以内に不服申立てを、6 か月以内に訴えの提起をしないと、原則として争えない。これは、行政上の法律関係を早期に安定させるために、制定法（行政不服審査法 14 条、行政事件訴訟法 14 条）により認められた効力である。

② 不可変更力

　違法な行政行為については、行政庁が職権で取り消しうるのが原則であるが、不服申立てに対する裁決など一定の行政行為については行政庁自身を拘束し、行政庁がたとえ誤りであると気づいても変更できない効力がある。

③ 公定力

　行政行為は、当然に無効となる場合のほかは、たとえ違法でも、権限ある機関によって取り消されない限り有効であり、相手方を拘束する。

(3) 行政救済制度（違法な行政から私人をどのように救済するか）

　行政機関が法的根拠に基づき行う処分などに不服があった場合に、国民はその是正なり取り消しなりを求める法的手段をとることができる。さらに、損害を被った場合にはその賠償を求めることができる。

　国民が行政に信頼を寄せるうえで処分などが公正かつ透明な手続きで行われることを担保する制度（行政手続法）と、違法または不当な処分が行われた後にこれを救済する制度（事後的救済）として行政不服審査法・行政事件訴訟法・国家賠償法がある。

　行政不服審査法とは、行政庁の違法または不当な処分に関し、国民が不服申立てをし、行政庁が簡易迅速かつ公正な手続きで審査することについて定めている。国民の権利利益の救済を図るとともに、行政の適正な運営を確保することを目的としている。

　行政事件訴訟法とは、行政権の行使による作為または不作為による違法性について、裁判所に訴訟を提起することにより違法性を排除し権利利益の回復などを図る手続きについて定めている。

　国家賠償法では、「国又は公共団体の公権力の行使に当る公務員が、その

職務を行うについて、故意又は過失によって違法に他人に損害を加えたときは、国又は公共団体が、これを賠償する責に任ずる（第１条）。前項の場合において、公務員に故意又は重大な過失があったときは、国又は公共団体は、その公務員に対して求償権を有する（２項）」と定めている。国家賠償法は行政救済法の一つであり行政法に分類されるが、民法に対する特別法としての側面も持つ。

第２節

成年後見制度

１．成年後見制度の概要

　成年後見制度は精神上の障がい（知的障がい、精神障がい、認知症など）により判断能力が十分でない方について、本人の権利を守る援助者（「成年後見人」等）を選ぶことで、本人を法律的に支援する制度である。申し立ては家庭裁判所に対して行い、家庭裁判所は職権で法廷後見人等を選任する。

２．成年後見制度の種類

　成年後見制度には、法定後見制度と任意後見制度があり、「成年後見制度」という呼称は、その総称である。任意後見は本人の判断能力が衰える前から利用できるが、法定後見は判断能力が衰えた後でないと利用できない。

(1) 法定後見制度
　法定後見制度には、本人の判断能力の低下の程度や保護の必要性の程度に応じて、後見（重度）、保佐（中度）、補助（軽度）の３類型がある。

表2-1　法定後見制度に関する内容

	後見	保佐	補助
対象	常に判断能力が欠けている状態の人	判断能力が著しく不十分な人	判断能力が不十分な人
本人の同意	不要	不要	必要
代理権の範囲	本人、配偶者、四親等内の親族、検察官、市町村長など		
後見人等の名称	後見人	保佐人	補助人
後見人等になれる人	配偶者や親族のほか、「弁護士などの専門職」や「社会福祉法人などの法人」も選任できる		

(2) 任意後見制度

　任意後見制度では、判断能力の十分にある者（本人）が、判断能力が不十分になった場合に備えて、あらかじめ自分の望む任意後見人となる者（任意後見人受任者）を選任しておき、本人の判断能力が低下した段階で、任意後見人受任者が任意後見人となって財産管理や身上監護などの援助を行う制度である。

3．成年後見人等の仕事

　成年後見人等の仕事には、大きく分けて財産管理と身上監護の２つがあり、身上監護には介護行為は含まれない。

　成年後見人等に就任したら、本人および関係者との面談により、財産関係の書類や印鑑の引き渡しを行う。現金、通帳、有価証券、不動産権利証、実印、銀行印、印鑑登録カード等をそれまで管理していた人から受け取り、銀行や保険会社等に成年後見人等の就任を届け出る。また、成年後見人であることを証明するために登記事項証明書を法務局で発行してもらう。被後見人の財産を調査し、１か月以内に財産目録を作成して裁判所に提出する。１年間に支出する金額を予定し、収入とのバランスを明らかにする。

　以下に、最高裁判所の「成年後見関係事件の概要」から具体例をあげる[4]。

表 2-2　成年後見人等の仕事

財産管理	身上監護
現金、預貯金、不動産等の管理	医療に関する契約
収入・支出の管理	施設への入所契約
有価証券等の金融商品の管理	介護に関する契約
財務処理（確定申告、納税など）	生活、療養看護に関する契約

(1) 後見開始事例

本人の状況	申立人	成年後見人
アルツハイマー病	妻	申立人

　本人は5年ほど前から物忘れがひどくなり、勤務先の直属の部下を見ても誰だかわからなくなるなど、次第に社会生活を送ることができなくなりました。日常生活においても、家族の判別がつかなくなり、その症状は重くなる一方で回復の見込みはなく、2年前から入院しています。

　ある日、本人の弟が突然事故死し、本人が弟の財産を相続することになりました。弟には負債しか残されておらず、困った本人の妻が相続放棄のために、後見開始の審判を申し立てました。

　家庭裁判所の審理を経て、本人について後見が開始され、財産管理や身上監護をこれまで事実上担ってきた妻が成年後見人に選任され、妻は相続放棄の手続きをしました。

(2) 保佐開始事例

本人の状況	申立人	成年後見人
中程度の認知症	長男	申立人

　本人は1年前に夫を亡くしてから一人暮らしをしていました。以前か

ら物忘れが見られましたが、最近症状が進み、買い物の際に1万円札を出したか5千円札を出したか、わからなくなることが多くなり、日常生活に支障が出てきたため、長男家族と同居することになりました。隣県に住む長男は、本人が住んでいた自宅が老朽化しているため、この際自宅の土地、建物を売りたいと考えて、保佐開始の審判の申立てをし、併せて土地、建物を売却することについて代理権付与の審判の申立てをしました。

　家庭裁判所の審理を経て、本人について保佐が開始され、長男が保佐人に選任されました。長男は、家庭裁判所から居住用不動産の処分についての許可の審判を受け、本人の自宅を売却する手続きを進めました。

(3) 補助開始事例

本人の状況　　　　申立人　　　　成年後見人

軽度認知症の症状　　長男　　　　申立人

　本人は、最近米を研がずに炊いてしまうなど、家事の失敗が見られるようになり、また、長男が日中仕事で留守の間に、訪問販売員から必要のない高額の呉服を何枚も購入してしまいました。困った長男が家庭裁判所に補助開始の審判の申立てをし、併せて本人が10万円以上の商品を購入することについて同意権付与の審判の申立てをしました。

　家庭裁判所の審理を経て、本人について補助が開始され、長男が補助人に選任されて同意権が与えられました。その結果、本人が長男に断りなく10万円以上の商品を購入してしまった場合には、長男がその契約を取り消すことができるようになりました。

4. 成年後見制度利用促進基本計画の策定

　2017年、成年後見制度利用促進基本計画が策定され、今後、おおむね2021年までを対象期間とし、国・地方公共団体・関係団体等により、計画

的に実施される方針である。計画には、①ノーマライゼーション、②自己決定権の尊重、③財産管理のみならず、身上保護も重視するという3つの基本的な考え方を置いている。

5．成年後見制度活用のデメリット[5)]

このように、判断能力が十分でない方が成年後見制度を活用することによって財産管理と身上監護が受けられるというメリットがあるが、一方、成年後見制度活用のデメリットもある。

① 選挙権・被選挙権を失う。
　法定後見制度を利用し後見人が選任されると、選挙権・被選挙権を失う。保佐人・補助人が選任された場合は、選挙権・被選挙権は失われない。また、任意後見の場合も制限を受けない。
② 特定の職業や営業が制限される。
　医師や弁護士、公務員など一定の職業に就くことができなくなる。
③ 専門職後見人等の費用がかかる。

成年後見人等の報酬は無償が原則だが、成年後見人等が家庭裁判所に報酬付与の申し立てをすると、成年後見人等には報酬が付与される。専門職後見人等が選任されると、ほとんどの場合報酬付与の申し立てをするので毎月報酬を支払わなければならない。

6．成年後見制度の現状と課題[6)]

東京大学教育学研究科生涯学習論研究室＋地域後見推進センターの地域後見推進プロジェクトによると、成年後見制度における問題点として以下の7点があげられている。

① 成年後見制度の利用者数の伸び悩み（成年後見制度の利用が後見需要を

十分に満たしているとは言い難いこと）

② 近年、親族が後見人に選任されにくくなっていること（専門職後見人が選任される割合の急増と親族後見人が選任される割合の急減）

③ 成年後見制度の利用件数全体に占める後見類型の割合の高さ（本人の意思がより尊重されやすい補助や任意後見の利用率の低さ）

④ 市民後見人の普及と活用が十分とは言い難いこと（市民後見人の選任数の少なさや関連機関の取り組みのあり方）

⑤ 市町村長申し立ての大幅な増加と対応の必要性（身寄りのない高齢者等の増加と各自治体における財源や人員などの制約）

⑥ 成年後見に対する各自治体の取り組みの温度差（後見の申立件数や市町村長申立て件数の格差）

⑦ 根絶できない後見人による不祥事（不祥事発生への対応と抑制の難しさ）

⑧ 後見制度支援信託の利用の急増（本人の財産を本人のために使うことが難しくなっている状況）

2018年現在において、成年後見制度を利用している人はわずか約22万人で、潜在的な後見ニーズ（判断能力が不十分と見られる人の総数：推計約870万人）のわずか2％を満たしているに過ぎない。しかし、今後、認知症高齢者等がますます増加し、後見人の需要も一層高まっていくと見込まれ、親族や専門職だけでこれらすべてをまかなうことは難しい。今後の後見の需要増に対応するため、新たな後見の担い手として、市民後見人のさらなる活用が期待されている。

また、⑦の「後見人による不祥事」については、2011年から2018年の8年間において、後見人による横領などの不正の被害額が少なくとも265億円に上ることが明らかになっている。その被害のほとんどは親族後見人によるもので、親族後見人による不正は被害額全体の95％であった。他方、専門職による不正は全体の5％である。

このような不正を抑制するために、家庭裁判所は、本人が一定以上の資産を有する場合、①親族後見人を選任するときは、専門職の監督人をつけるか、あるいは後見制度支援信託等を利用させる、②親族ではなく、代わりに専門

職等を後見人に選任する、といった取り組みを進めている。

7．日常生活自立支援事業

　日常生活自立支援事業は、認知症のある高齢者や、知的もしくは精神に障がいのある方、判断能力が不十分な方が地域において自立した生活が送れるよう、利用者との契約に基づき、福祉サービスの利用援助等を行う制度である。成年後見制度では、財産管理と身上監護を主として行うものであるが、もともと管理すべき財産のない人は身上監護面での法的保護の必要があっても、適切な成年後見人等を得ることが難しい。そのため、このような成年後見制度の制度的限界を補い、本人の資力の有無にかかわらず福祉サービスの適切な利用につなげるための仕組みとして日常生活自立支援事業が実施されている。

　具体的に対象となるのは、①判断能力が不十分であるために、日常生活を営むのに必要なサービスを利用するための情報の入手、理解、判断、意思表示を適切に行うことが困難であり、②日常生活自立支援事業の利用契約を締結する能力を有すること、という2つの要件を満たす者である。

　具体的な援助の内容は、①福祉サービスの利用援助、②日常的金銭管理サービス、③書類等の預かりサービス、などである。

　「成年後見制度」と「日常生活自立支援事業」は、どちらも判断能力が不十分な方や生活に不安がある方を支援する制度であるが、成年後見制度は法務省が所管しており、家庭裁判所に選任された後見人が、身上監護や財産の管理、法的なサポートを行う。後見人には代理権や取消権などが付与されており、法的な支援体制が充実している。一方、日常生活自立支援事業は、支援内容が日常生活の範囲に限られており、福祉サービス利用の支援、日常的な金銭管理サービス、書類（通帳・証書など）の預かりサービスなどを行っており、成年後見制度に比べあまり重大な行為はできない。また、日常生活自立支援事業は、本人にサービスを利用する意思があり、内容を理解できることが契約の前提となっているため、認知症などが進行してしまった人は利用することができない。

表 2-3　日常生活自立支援事業と成年後見制度の比較[7]

制度名	日常生活自立支援事業	成年後見制度
対象者 （認知症高齢者・知的障がい者・精神障がい者）	精神上の理由により日常生活を営むのに支障がある人	精神上の理由により判断能力が低下した人
担い手・機関	都道府県・指定都市社会福祉協議会	補助人・保佐人・成年後見人（親族・弁護士・司法書士・社会福祉士等および法人）
概要	日常的な生活援助の範囲内で支援する	財産管理や身上監護に関する法律行為全般を行う
具体例	● 福祉サービス利用の申し込み ● 契約手続きの援助 ● 日常生活上の必要資金の出し入れ	● 施設への入退書契約、治療、入院契約 ● 不動産の売却や遺産分割 ● 消費者被害の取消
援助の方法・種類	【方法】 本人と社会福祉法人による援助内容の決定 【種類】 ○ 福祉サービスの情報提供、助言など相談 ○ 日常金銭管理 ○ 書類等の預かり	【方法】 家庭裁判所による援助内容の決定 【種類】 ○ 財産管理・身上監護に関する法律行為
管轄	厚生労働省（社会福祉法）	法務省（民法）
相談窓口	社会福祉協議会	弁護士・司法書士・社会福祉士等
申し込み	本人等が社会福祉協議会へ申し込み	本人等が家庭裁判所へ申し立て
費用	契約後の援助は利用者負担	すべて本人の財産から支弁
代理権	あり（在宅福祉サービスの利用手続き、預貯金の払い戻し）	あり（保佐・補助の場合は申し立て必要）
監督機関	都道府県社会福祉協議会、運営適正化委員会	家庭裁判所、後見監督人、任意後見監督人

　以上、「成年後見制度」と「日常生活自立支援事業」の違いを表2-3・図2-1に示した。

引用文献

1）岡村重夫 社会福祉と基本的人権 リーディングス日本の社会福祉5 社会福祉の権利と思想，日本図書センター，2010.

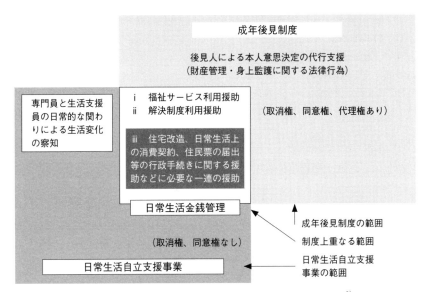

図 2-1　日常生活自立支援事業と成年後見制度の関係概念図[8]

2）馬場敏彰　はじめて読む「成年後見」の本，明石書店，2010.

3）大浜啓吉「法の支配」とは何か　政法入門，岩波新書，2016.

4）法務省，成年後見制度　成年後見登記制度.

5）前掲書2).

6）地域後見推進プロジェクト，共同研究　東京大学教育学研究科生涯学習論研究室＋地域後見推進センター.

7）厚生労働省，福祉サービス利用援助事業について，厚生労働省社会・援護局，地域福祉課.

8）厚生労働省，地域福祉権利擁護事業と成年後見制度の概要.

参考文献

川田昇　ゼロからわかる民法，平凡社，2007.

厚生労働省，ナショナルミニマムに関する議論の参考資料.

国民の福祉と介護の動向 2019/2020, 66(10), 厚生の指標，一般財団法人厚生労働省統計協会，2019.

社会福祉士シリーズ 19 権利擁護と成年後見制度　第 4 版，弘文堂，2018.

内閣府，「成年後見制度利用促進基本計画の策定について」（平成 29 年 3 月）.

藤井正希 生存権（憲法25条）の法解釈論 その法的性質を中心にして，社学研論
　　集，17, 209-223, 2011.
法務省，世界人権宣言.
法務省，主な人権課題.
WHO（世界保健機関）第66回世界保健総会 決議（仮訳），2013.

第3章

ソーシャルワークの理解

第1節

ソーシャルワークの概念・構成要素・理念

1．ソーシャルワークの概念

(1) ソーシャルワークのグローバル定義

ソーシャルワークは、社会福祉専門職が行う活動のことを指す。これまで
の歴史的背景から見ても、そのとらえ方・対象の範囲・技術も幅広いことに
特徴がある。ここではまず、国際ソーシャルワーカー連盟（IFSW）による
ソーシャルワークの旧定義とグローバル定義を紹介する。

国際ソーシャルワーカー連盟は、1956 年に設立され、スイスのジュネー
ブに本部を置く国際組織である。ソーシャルワークの標準や倫理を定め、ソ
ーシャルワーカーの労働条件や組織率などの向上を図り、平和と人権を守る
活動を行っている。

① 国際ソーシャルワーカー連盟による旧定義（2000 年採択）

国際ソーシャルワーカー連盟による旧定義は、2000 年 7 月にカナダのモ
ントリオールの総会において採択されたものである。これは、1982 年に採
択された定義に代わるものであった。

「ソーシャルワーク専門職は、人間の福利（ウェルビーイング）の増進を
目指して、社会の変革を進め、人間関係における問題解決を図り、人びと
のエンパワメントと解放を促していく。ソーシャルワークは、人間の行動
と社会システムに関する理論を利用して、人びとがその環境と相互に影響
し合う接点に介入する。人権と社会正義の原理は、ソーシャルワークの拠
り所とする基盤である」。

この旧定義の前半部分では、ソーシャルワーク専門職とはなにかを示して
いる。1 つ目は「人間の福利（ウェルビーイング）の増進を目指す」である。

ウェルビーイングとは、個人の権利や自己実現が保障され、身体的・精神的・社会的に良好な状態にあることを意味していることから、クライエントの持つ可能性を十分に発展させ、彼らの生活の質を高める活動を行うということである。2つ目は「社会の変革を進める」であり、社会政策や人々の意識を変え、社会全体が変わっていくための働きかけを行うということである。3つ目は「人間関係における問題解決を図る」である。これは、ソーシャルワーク専門職は、クライエントとそのクライエントを取り巻く環境を理解し、クライエントが抱えている人間関係の問題を解決するための活動を行うということである。4つ目は「人々のエンパワメントと解放を促す」であり、クライエントが本来持っている自分の力に気づき、発揮できるように支援し、クライエントの不利益な状態から解放されることを促すことである。

　後半部分では、前述した4つのことを実現するための理論と実践を述べている。「人間の行動と社会システムに関する理論を利用」とは、人間の行動に関する理論および社会システムに関する理論は、実践の積み重ねによって導き出されたものであり、それは科学的根拠に基づいており、その理論をソーシャルワークに活用するということである。さらに、実践としては、「人びとがその環境と相互に影響し合う接点に介入する」とは、人と環境が影響し合って生ずる諸問題に対して、その接点に焦点をあてて介入するということである。

② グローバル定義（2014年採択）

　2000年7月に採択されたソーシャルワークの定義が2014年の総会において見直され、ソーシャルワークのグローバル定義として採択された。

　　「ソーシャルワークは、社会変革と社会開発、社会的結束、および人々のエンパワメントと解放を促進する、実践に基づいた専門職であり学問である。社会正義、人権、集団的責任、および多様性尊重の諸原理は、ソーシャルワークの中核をなす。ソーシャルワークの理論、社会科学、人文学、および地域・民族固有の知を基盤として、ソーシャルワークは、生活課題に取り組みウェルビーイングを高めるよう、人々やさまざまな構造に働きかける」。

この定義は、各国および世界の各地域で展開してもよい。

　このソーシャルワークのグローバル定義を踏まえて、ソーシャルワーク専門職とは、基盤となる諸原理を拠り所に、多次元に働きかけを行う。つまり、1つの働きかけで、すべてを変えようとするのではなく、複数の働きかけの組み合わせによって、結果的に、個人も社会もよりよい方向へ変えていこうとする[1]ものである。

　小口（高井編、2016）[2]は、このソーシャルワークのグローバル定義をより理解するために、8つの項目に整理している。その8つとは、①ソーシャルワークは「基本」として、実践に基づいた専門職であり、1つの独立した学問領域である。②ソーシャルワークの「目的」は、クライエントの自己実現と幸福の追求である。③ソーシャルワークの「原則」は、社会正義、人権、集団的責任、多様性の尊重である。④ソーシャルワークの「任務」は、社会変革、社会開発、社会的結束、エンパワメント、解放である。⑤ソーシャルワークの「知」は、ソーシャルワークの理論、社会科学、人文学、地域・民族固有の知である。⑥ソーシャルワークの「実践」は、人間と環境とが相互作用する接点に介入することである。⑦ソーシャルワークの「対象」は、人間や社会構造である。⑧ソーシャルワークの「方法」は、人々とともに、働くという参加と協働であるとしている。

　また、旧定義と異なる点は、ソーシャルワークの国際的定義として、2000年に採択された定義は、「ソーシャルワーク専門職は」が主部で、「～していく。～介入する」が述部であった。よって、「ソーシャルワーク」はソーシャルワーク専門職が行う活動体系を指していた。他の主たる定義においても、同様の用いられ方がなされてきた。しかし、2014年に新たに採択されたソーシャルワーク専門職のグローバル定義では、最初の一文が「ソーシャルワークは」が主部で、「～専門職であり学問である」が述部となっている。すなわち「ソーシャルワーク」が専門職あるいは学問領域を指す言葉として使用されている[3]。

(2) その他の代表的なソーシャルワーク定義

① 全米ソーシャルワーカー協会の定義（1973年）

「ソーシャルワークは、個人・グループ・コミュニティーが、社会的機能を強化し、回復するように、これらの目標に対し、好ましい諸条件を創造するように援助する専門職の活動である」[4]。

② ブトゥリムの定義

「ソーシャルワークは、その他の『援助専門職』と同様に、困難の予防と、それからの解放をとおして、人間の福祉の向上をはかることをめざしている。ソーシャルワークの固有の関心は、つねに、人間の生活の問題に向けられてきた。しかし、この関心のあらわれ方は、時代とともに、さまざまな理由で変化してきているのである」[5]。

③ 全米ソーシャルワーカー協会の発行する『ソーシャルワーク辞典』の定義

ソーシャルワークとは、「人々の心理社会的機能が、効果的なレベルに到達できるように支援すること、および、すべての人の福利の増進が高められるよう社会の改革に影響を与える応用科学である」[6]。

④ 日本学術会議、社会福祉・社会保障研究連絡委員会報告の定義（2003年）

ソーシャルワークとは、「社会福祉援助のことであり、人々が生活していく上での問題を解決なり緩和することで、質の高い生活（QOL）を支援し、個人のウェルビーイングの状態を高めることを目指していくことである。日本では、国家資格である社会福祉士及び精神保健福祉士がソーシャルワーカーとして位置づけられている」[7]。

⑤ 第1回ソーシャルワーカーデー宣言（国民へのアピール）（2009年）

「ソーシャルワークとは、基本的人権の尊重と社会正義に基づき、福祉に関する専門的知識と技術を用いて、生活上の困難や苦痛を有している人に寄り添い、その人と共にその困難や苦痛の解決を図り、一人ひとりの幸福と自立した生活の実現を支援することです。そして、このような支援を行う専門職のことをソーシャルワーカーと呼びます」[8]。

(3) 相談援助の概念と定義

① 社会福祉士及び介護福祉士法

1987年に制定された「社会福祉士及び介護福祉士法」の第1条には、「社会福祉士及び介護福祉士の資格を定めて、その業務の適正を図り、もって社会福祉の増進に寄与すること」を目的としている。

また、社会福祉士の業務内容は、同法の第2条において、以下のように規定されている。

> 「この法律において『社会福祉士』とは、第28条の登録を受け、社会福祉士の名称を用いて、専門的知識及び技術をもって、身体上若しくは精神上の障害があること又は環境上の理由により日常生活を営むのに支障がある者の福祉に関する相談に応じ、助言、指導、福祉サービスを提供する者又は医師その他の保健医療サービスを提供する者その他の関係者との連絡及び調整その他の援助を行うことを業とする者をいう」。

一般的には、社会福祉士はソーシャルワーカーの国家資格として認知されており、2019年9月現在では、23万8696人が有資格者として登録されている。

② 社会福祉士及び介護福祉士法の改正

1987年に制定されてから20年後の2007年に、社会福祉士及び介護福祉士法の一部改正が行われた。改正された主な内容としては、社会福祉士の定義、社会福祉士の義務規定、社会福祉士の資格取得方法の見直し、社会福祉士の任用・活用の促進である。

前述した社会福祉士の定義においては、従来の「福祉に関する相談に応じ、助言、指導を行うこと」に加え、「福祉サービスを提供する者又は医師その他の保健医療サービスを提供する者その他の関係者との連絡及び調整」も、相談援助に含めるという箇所が改正により追加された。

2．ソーシャルワークの構成要素

ソーシャルワークを構成する要素としては、①クライエント、②ニーズ、

③ソーシャルワーカー、④社会資源の4つがあげられる。

クライエント

ソーシャルワークは、個人・家族・グループなどが抱える生活上の課題を見出し、その課題に対して、解決したり軽減したりするよう働きかけをする。また、クライエントを単なる個人としてとらえるのではなく、クライエントを取り巻く環境の中でも、クライエントが抱える生活上の課題を解決や軽減することに影響を与えうる人や機関をも含むクライエントシステムへの働きかけを行う。

ニーズ

ニーズとは、身体的、心理的、経済的、文化的、社会的なもので、生存のため、ウェルビーイングのため、あるいは、自己実現のために求められるもの[9]である。

ニーズは、クライエントもソーシャルワーカーも明確なものもあるが、クライエント自身が主訴していないニーズ、認識していないニーズもある。

ソーシャルワーカー

ソーシャルワーカーは、クライエントとソーシャルワークの関係を結び、クライエントシステムへ働きかける。そのソーシャルワークの実践によって、課題が解決したり軽減したりするよう、人間と環境とが相互作用する接点に介入する。そのためには、ソーシャルワーカーは専門職として、ソーシャルワークの価値を基盤に、ソーシャルワーカー固有の知識、そしてそれらに基づいた技術のいずれも身につけていなければならない。

社会資源

ソーシャルワーカーは、クライエントのニーズに応えて、クライエントの意思やニーズに沿った施設・機関の利用や、サービスの提供を受けられるよう、地域社会の中で多種多様な社会資源を活用する。これらには、クライエントを取り巻く公的・私的なすべての資源が含まれている。また、その社会資源をクライエント自身が活用できるよう支援する。

ソーシャルワークの実践で活用する社会資源には、多種多様なものが含まれるが、山崎（2003）[10]は社会資源を4つの種類に分類している。その4つの種類とは、①市役所、福祉事務所、児童相談所、地域包括支援センターな

どの公的な社会資源、②社会福祉法人、特定非営利活動法人などを有する施設や機関の非営利の社会資源、③営利を目的とする株式会社等の法人による機関や、それらが提供するサービスの営利の社会資源、④家族・友人・知人・職場の同僚等の個人に関する社会資源である。

３．ソーシャルワークの理念

　前述したように、ソーシャルワーカーは専門職として、ソーシャルワークの価値を基盤に、ソーシャルワーカー固有の知識、そしてそれらに基づいた技術のいずれも身につけていなければならない。なかでもソーシャルワークの価値は、実践の拠り所となるものである。

(1) ソーシャルワークの価値
　クライエントの価値観は、生まれ育った家庭、学校、職場、地域社会等における経験に基づく知識や感情等によって形成されるものであり、一人ひとり異なる。他方、ソーシャルワーカーの価値観は、ソーシャルワークの職業倫理であるソーシャルワーカーの倫理綱領に示されている。下記のソーシャルワーカーの倫理綱領の「価値と原則」は、2005年に社会福祉専門職団体協議会・倫理綱領委員会が最終案としてまとめ、日本ソーシャルワーカー協会が承認したものである。

Ⅰ．（人間の尊厳）

　ソーシャルワーカーは、すべての人間を、出自、人種、性別、年齢、身体的精神的状況、宗教的文化的背景、社会的地位、経済状況等の違いにかかわらず、かけがえのない存在として尊重する。

Ⅱ．（社会正義）

　ソーシャルワーカーは、差別、貧困、抑圧、排除、暴力、環境破壊などの無い、自由、平等、共生に基づく社会正義の実現をめざす。

Ⅲ．（貢献）

　ソーシャルワーカーは、人間の尊厳の尊重と社会正義の実現に貢献する。

Ⅳ.（誠実）

ソーシャルワーカーは、本倫理綱領に対して常に誠実である。

Ⅴ.（専門的力量）

ソーシャルワーカーは、専門的力量を発揮し、その専門性を高める。

(2) ソーシャルワーカーの倫理綱領と日本国憲法

　前述したソーシャルワーカーの倫理綱領における「価値と原則」と日本国憲法の関係についてみると、Ⅰの（人間の尊厳）は、日本国憲法第11条で、国民に基本的人権を「侵すことのできない永久の権利として」、「現在及び将来の国民に」保障しているなかに読み取ることができる。また、日本国憲法第13条において、「個人として尊重される」「生命、自由及び幸福追求に対する国民の権利」とあり、個人の尊厳と個人の自由、幸福追求の権利が、尊重されねばならないことが読み取れる。

　Ⅱの（社会正義）は、日本国憲法第13条の「個人として尊重される」及び同法第14条の「法の下に平等」から、社会的に差別されたり排除されてはならないと読み取れるように、ソーシャルワーカーの倫理綱領と日本国憲法は深く関係していることがわかる。

第2節

ソーシャルワークの形成過程

1．ソーシャルワークの萌芽期

(1) ソーシャルワーク前史

キリスト教と隣人愛

　他者への援助の最も原初的な形態が相互扶助である。人類の社会が形成されていく過程とともに、血縁や地縁など同質性をもとにした相互扶助や救済が行われていた。その血縁・地縁共同体の範囲を超えて、他者への援助の対

象が広がっていった背景に、慈善・博愛思想がある。その慈善は、ヘブライ人に源を発し、原始キリスト教の宗教的な救済行為であった。アクィナスは「貧困者といえども神の前においてはその子として同胞の下にひとしく救済されなければならない」とした。すなわち、人類は兄弟であるという宗教的な隣人愛の精神が教義化されたものであるといわれている。

貧困問題と救貧法

15世紀末期のイギリスでは、封建制度の崩壊で農奴身分から解放され、自立していった自作農民の中には、富農に属する者が現れた。彼らのエンクロージャー（囲い込み）による農民からの土地（生産手段）の収奪によって、農民たちは、土地（生産手段）を持たないために賃金と引き換えに労働力を売る以外に生きるすべを持たない賃金労働者となり、困窮を訴え多くが浮浪化、さらに農業を支えてきた農業従事者が離村したことにより、共同体としての村落は次々と姿を消していき、社会問題化した。

こうしたことを背景として、エリザベスⅠ世統治下のイギリスでは、1601年に**エリザベス救貧法**が制定された。このエリザベス救貧法は、枢密院を頂点に、教区を末端の行政単位として貧民監督官を選出させて行政に責任を持たせ、彼らを治安判事により指導監督せしめる中央集権的な機構を確立して、貧民の管理を徹底させるものであった。貧民は労働能力の有無を基準に、下記のように分類された。

① 有能貧民：道具と材料が用意されて労働が強制された。
② 無能貧民：祖父から孫にいたる直系血族の扶養義務を前提に生活の扶養が行われた。
③ 児童：教区徒弟に送り出された。

また、この法の目的は貧民救済ではなくあくまで治安維持にあり、貧民の待遇は強制労働と収容が基本で抑圧的であった。ウェッブ夫妻は産業革命期にいたるエリザベス救貧法を「貧民を救済するためにではなく、自己の労働に高い価格を定めさせ、あるいは一層ぜい沢な生活を主張する手工業労働者の生活を制限するため、および野蛮な刑罰によって全無産階級が農業ならびにマニュファクチュアにおいて、継続的で規則正しく勤労するために立案さ

表 3-1　ロンドン市民の経済状況

全人口	4,309,000 人		
施設収容者	99,830 人		
中産階級およびそれ以上	749,930 人	17.8%	愉楽
労働階級・愉楽	2,166,503 人	51.5%	69.3%
貧困	938,293 人	22.3%	
極貧	316,834 人	7.5%	貧困
最下層	37,610 人	0.9%	30.7%

（阿部，1990，p.125 をもとに筆者作成）

れた」ものと規定している。

　18 世紀に産業革命期を迎えると、**定住法**を定め、貧民の受給資格を厳しく限定して、教区の負担を軽減しようとした。また、労役場で労働能力のある者に作業をさせる**ワークハウステスト法**をはじめとする「貧者に有利な雇用」論が登場した。エリザベス救貧法ではもはや対応のできない状況が見られると、有能貧民の雇用斡旋や院外救済を実施し、労役場は労働能力のない貧民を施設に収容する**ギルバート法**、農業労働者の低賃金が問題とされ内乱の危険があり、食糧価格が上昇し、労働者の実質賃金が下がったとき、扶養家族数に応じて不足分を給付する賃金補助制度である**スピーナムランド制度**が制定された。これは今日でいう最低賃金制度の萌芽であった。

　産業革命が進行し、資本家層が力をつけてくると、救貧法・スピーナムランド制度に対する批判は徐々に強まり、1834 年に救貧法は改定されることとなった。この**新救貧法**の内容は、①救済水準を全国一律にすること、②有能貧民の居宅保護を廃止して救済をワークハウス収容に限定すること、③貧民を救済する場合、救済の水準は独立自活している最低下層の労働者よりも低水準の保護・救済を行うべきだとする劣等処遇の原則という、3 つの原則に基づくものであった。

　この新救貧法の思想的根拠には、牧師であり経済学者である**マルサス**の『人口の原理』（1798 年）があった。マルサスは『人口の原理』[11]の中で次のような考えを展開している。

「イギリスの救貧法が貧民の一般的地区を圧迫する傾向は2つある。その第一の著しい傾向は、それを支えうるに足るだけ食物をふやさないで人口を増加させることである。貧乏人は、一家の独立を支えうる望みが、ほとんど、または全くないのに、結婚する。そのため、この法律は、ある意味では、貧民を製造してそれを生かしておく法律だといえる。人口が増加して、各人に分配せられる国内の食料品は前より小量になれば、救貧教会区の救助を受けない人々はかれらの労働を以ては、前よりも小量の食料品しか買えなくなる、その結果、この人々のうちからも救助を乞う人がたくさん出てくる。(略)

個々の人々に対して一々そうし向けることはむずかしいことではあるが独立のできない貧民というものは、恥ずかしめておくのがいい、人類全体の幸福を増進するためには、こういう刺激は絶対に必要である……(略)。もし、みずから独立してその家族を維持するに足る見込みがないのに、救貧設備を当にして、かるがるしく結婚するならば、彼らは、当然に自分はもちろん子どもたちを不幸と従属のおとし穴に落とすものといわねばならぬ、いな、それどころか、しらずしらずの内に、自分と同じ社会にあるすべての人を害するものである。だから、一家を支える能力がないのに結婚をする労働者というものは、ある意味では、かれら同僚労働者全部の敵であるといっていい」。

このように、マルサスは救貧法批判を具体的に行い、安易な生活に流れた労働者が子どもを産めば人口増につながり経済を圧迫するおそれがあるとして、有効な貧困対策は、人口抑制策以外にはないと主張した。

貧困調査

19世紀後半、イギリスは「世界の工場」としての経済的繁栄を享受していたが、都市化にともなう諸問題も数多く発生した。特に、ロンドンにおける少数の富裕層と大衆の貧困の差は著しく、推定8万数千人の売春婦の多くは、生活苦から転落していった下層階級出身の女性であったといわれている。また、仕事や家を失った貧民が増大し、その多くの人々が浮浪者や乞食となり、貧困の問題が生じた。当時、貧困の原因は社会にあるのではなく、怠惰

や堕落といった個人的な要因に問題があると考えられていた。しかし、ブースはロンドンの労働者や貧困層の生活実態の調査に取り組み、全人口の30.7％が貧困でやっと生命を維持する線に達しているか、あるいはそれ以下であることを発見し、全17巻にわたる『ロンドン市民の生活と労働』によって、貧困の原因は個人によるものではなく、雇用の不安定性や低賃金など、社会や経済的な要因にあるとした。同様に、ル・プレーは『ヨーロッパの労働者』、ヨーク市で調査を実施したラウントリーは『貧乏研究』を刊行した。彼らの実証的な研究は、それまでの貧困観をくつがえし、社会事業の基礎データを得るための貴重な調査であった。

(2) 慈善組織協会 (COS)

　1860年代のロンドンでは、貧困層を救済する慈善事業の数がおびただしく増加した。救済を無差別に慈善によって実施したために、むしろ貧民は増大していった。また、児童の危機的状況や、犯罪者の増加などに効果的に対応できていなかった。このような社会的背景から、1869年にイギリスのロンドンで設立されたのが慈善組織協会 (COS) であった。

　この慈善組織協会は、要保護者の個別的訪問調査やケース記録を集積させた。また、慈善団体同士の連携が徹底され、「協力に基づく慈善組織化」のために、ロンドンの地区ごとに地区委員会を設立することが目指された。1875年までに39地区に委員会が設立され、地区内で活動している公私の救済活動の情報交換のセンター的役割を担った。生活困窮や傷病ケースの申請の受付と調査、適切な救済機関への紹介等を行い、ケースの登録を行って救済の重複や不正受給の防止を行い、救済機関の分業を確立した[12]。この慈善組織協会の指導者であったロックは、自助によって解決できない貧困はない、と主張したように、自助の努力を行っているか否かという観点で、自助の努力を行っていると評価できる人を「救済に値する貧民」または「価値のある貧民」とし、救済の対象とした。慈善事業による救済を「救済に値する貧民」に限り、「救済に値しない貧民」は懲罰的な処遇を強めていた救貧法にゆだねるべきものとしていた。

　このような慈善組織化運動は、慈善団体の連絡、調整、協力の組織化と、

救済の適正化を目的とし、今日のコミュニティ・オーガニゼーション（地域組織化活動）の先駆をなすものといわれている。また、この運動で、貧困家庭等を訪れ指導を行ったのが友愛訪問員であった。**友愛訪問**は、「施与ではなく友人として」を標語として活動し、必ずしも専門的知識と技術に基づくものではなかったが、後にケースワークとして理論化されるうえでの礎石となった。

(3) セツルメント運動

セツルメント運動とは知識や財産を持つものがスラム街に入り込み、社会的に弱い立場にある人たち、生活に困窮している人たちやその家族と生活を共にしながら、人間的な接触を通じて地域の社会福祉の向上を図ろうとする事業の展開である。セツルメントは、3つのR、すなわち「住み込み（residence）」「調査（research）」「改良（reform）」を中心として活動を展開した[3]。その思想はエドワード・デニソンに始まるといわれる。彼は旅行中にインターナショナルの大会に遭遇し、労働者階級の貧困の重大性を目の当たりにした。そこで、帰国するとロンドンのイースト・エンドに救済協会の職員として住み込んだ。ここで彼は、教育の欠如に注目し、教育の機会を与えることが必要であると訴えた。彼の死後、その意思はバーネットに引き継がれた。

セツルメント活動を組織的に行ったのは、**バーネットとバーネット夫人**である。彼らの指導の下、セント・ユダ教会の隣地に最初の大学セツルメント会館が建設され、トインビー・ホールと名づけ、初代館長にバーネットが就いた。この**トインビー・ホール**の主な事業は、①労働者や児童の教育事業、②セツラー（セツルメント運動に参加した大学関係者ら）の地域社会資源への参加と地域住民の組織化による公衆衛生・教育・救済の改善、③社会調査とそれに基づく社会改良の世論喚起があげられる。

2．ソーシャルワークの基礎確立期 (19世紀末〜1950年代前半)

(1) 慈善事業からソーシャルワークへ

ハル・ハウス

　イギリスで始まった慈善組織協会（COS）の活動は、大西洋を渡り、アメリカで急成長した。1877年、ニューヨーク州のバッファローにガーティン牧師によって慈善組織協会が設立され、1900年代初頭には約140の慈善組織協会がアメリカ国内で活動していた。アメリカの慈善組織協会の特徴は、慈善活動の指導・調整と組織化、援助申請者の登録・記録を保管する中央登録所の設置のほか、有給の調査員とボランティアの友愛訪問員がケースの窮乏の原因を調査し、支援を必要とする人たちの自立促進に向けた活動を行った。なお当時、慈善組織協会で働く人の多くは女性であった。

　また、慈善組織協会と同様に、イギリスで始まったセツルメント運動もアメリカに導入され、その代表的なセツルメント運動は、**アダムス**が1889年にシカゴに開設した**ハル・ハウス**である。このハル・ハウスは、生活困窮者、移民、児童、女性など幅広い対象に支援を行った。また、活動の特徴は、民主主義を尊重し、生活弱者に対するグループ活動が展開されていたことである。後に、**グループワークやレクリエーション療法**へと発展していくことになる。

ハルハウスにて読み聞かせをするジェーン・アダムス
（社会福祉士養成講座編集委員会（編), 2015, p.58)[1]

このように 19 世紀後半のアメリカは、イギリスで始まった慈善組織協会やセツルメントなどの実践が拡大していった。その中心としてあげられるのがリッチモンドである。

リッチモンドとソーシャルワーク

　「ケースワークの母」と呼ばれるリッチモンドは、1861 年にイリノイ州に生まれ、1889 年からボルチモアの慈善組織協会で支援活動に従事した。その後、1909 年にニューヨークにあるラッセル・セージ財団で役員を務めた。

　リッチモンドは 1897 年にトロントにおける全国慈善矯正会議で友愛訪問員の知識と訓練の必要性を発表した。この報告を機に、1898 年にニューヨーク慈善組織協会で慈善組織協会の友愛訪問員に対する「応用博愛夏期学校」が開設された。これにより、専門教育と訓練が始まり、社会福祉専門職としての意識が育成されるようになった。

　そして彼女は、1899 年に『貧しい人々への友愛訪問』を発表し、その中で慈善事業における 3 つの側面を示した。その 3 つの側面とは、①支援者の慈善精神および感情を満たすための実践、②貧しい人々一人ひとりへの慈善事業、③社会における貧困層のための慈善事業であるという。このように、リッチモンドは個別支援の重要性を示した。

　また、同書において、支援を必要とする人々（個人・家族）の事前調査の重要性を示し、①年齢・出生地・住所・家族構成・教育状況・人間関係などの社会生活歴、②健康状況・かかりつけ医師・習慣などの健康面と病歴、③就労状況・就労先の情報・職業能力などの職歴、④収入と貯蓄・支出状況、すでに受けている慈善救済などの家計の状況を調査項目に掲げている。このリッチモンドが提示した調査項目に基づく活動は、今日のニーズ把握、アセスメントの原型といえる。

　後年、リッチモンドは 1917 年に『社会診断』を発表した。彼女によれば、社会診断とは「クライエントの社会的状況とパーソナリティをできる限り正確に定義する試み」[13]である。そして社会診断の過程は、「社会的証拠」を収集し、「比較・推論」を経て、社会診断を導き出す過程であると定義している。また、彼女は対象者との最初の十分な面接、対象者の家族との早期の接触などの必要性を提示した。このように、ソーシャルワークは単なる親切で

行うものではなく、専門職の実践として位置づけ、ケースワークの最初の段階である社会診断の過程を体系づけようとした。

また、1922年には『ソーシャルワークとは何か』を発表した。その中で、ソーシャルワークは人間と社会環境との間を、個別に意識的に調整することを通して、パーソナリティを発達させる諸過程であると定義し、環境の力を利用して個人のパーソナリティの発達を促すという方法を提示した。

「ケースワークの母」メアリー・
リッチモンド
（北島ほか（編）, 2002, p.309）[24]

医療ソーシャルワーク

慈善組織協会（COS）は、地域社会を基盤として活動を展開していた。しかし、ソーシャルワークの実践は、慈善組織協会だけでなく、医療・保健・精神医学・学校などの分野に拡大し、ソーシャルワーカーの配置がなされるようになった。たとえば、コーネル診療所やベルビュウ大学病院精神科部門への精神医学ソーシャルワーカーの配置、学校ソーシャルワーカーの源流といわれる訪問教育制度が創設されるなど、さまざまな分野にソーシャルワーカーが配置されるようになった。

マサチューセッツ総合病院の外来診療部の医師に就任したキャボットは、治った子どもがまた同じ病気で病院に来ることに気づき、子どもの母親に栄養や環境についての教育が必要であるとした。つまり、病気の背後には、生

活環境や社会環境といった、病院では対応できないことがあると気づいた。そこで、キャボットは、1905年に女性看護師をソーシャルワーカーとして任用した。このマサチューセッツ総合病院で始まった実践は、アメリカで最初の医療ソーシャルワークであった。

ミルフォード会議

　慈善組織協会（COS）やセツルメント運動、医療ソーシャルワークが発展してくると、それぞれの方法論が確立した。その一方で、専門職としてのまとまりを求める動きが出てきた。そこで、1923年にアメリカ家族福祉会、アメリカ病院ソーシャルワーカー協会、アメリカ児童福祉連盟、アメリカ精神医学ソーシャルワーカー協会、国際移住サービス、全米旅行者援助協会、全米訪問教師委員会、全米非行防止協会の関係者が集まり、ミルフォード会議が開催された。同会議は、その後1928年まで毎年開催され、ケースワークの専門化に貢献し、1929年に報告書が発表された。その報告書でジェネリック・ソーシャル・ケースワークとはなにか、ソーシャル・ケースワークのための有用な機関とはどういうものか、また、ソーシャル・ケースワークのための諸機関の分業、ソーシャル・ケースワークのための訓練などについてまとめられた。また、同報告書によれば、実践の各分野に共通な概念、知識、方法、社会資源など、基本となる原理、過程、技術を示す基本的なケースワークであるジェネリック・ソーシャル・ケースワークは、家庭、児童、障がい者などのそれぞれの実践分野で行われるケースワークで、各分野に固有の知識や方法が求められるスペシフィック・ケースワークに共通する実践基盤であるとした。

(2) 診断主義と機能主義

　ソーシャルワークの理論と実践は、精神分析学や心理学を背景に、環境から人間の内面に焦点が移行し、1920年代に診断主義、1930年代には機能主義の2つの流れが生まれた。

　フロイトの精神分析に基づく診断主義は、クライエント（利用者）の抱える問題やその原因が、社会環境よりも個々の精神内界にあるととらえ、「治療的意味」を持たせた[5]。

診断主義ケースワークのあり方を提唱したハミルトンは、『ケースワークの理論と実際』を発表した。これは診断主義ケースワークを中心にソーシャルワークの体系化が試みられた内容であった。その診断主義ケースワークの特徴は次の事柄である。

① クライエントの問題の心理的側面を重視
② パーソナリティの発達に焦点をあてた過去の生活史を重視
③ 面接を中心とした長期的援助関係における援助者の主導性
④ 調査 → 診断 → 治療の過程を重視

　それに対し、**ランクの心理学**の流れをくむ機能主義は、クライエント自身の創造的統合力を認め、援助機関の機能を自由に活用してもらい、クライエント自身が成長しようとする自己展開を援助することを課題とした[14]。
　機能主義ケースワークを提唱したのは、**タフトとロビンソン**であり、その機能主義ケースワークの特徴は次の事柄である。

① 「疾病の心理学」より「成長の心理学」
② 治療よりも援助
③ 機関の機能に沿った援助
④ 利用者中心
⑤ 開始 → 中間 → 終結の時間的展開を重視

3．ソーシャルワークの発展期（1950 年代半ば～現代）

(1) ソーシャルワークの批判

貧困戦争

　第二次世界大戦後のアメリカは、世界で最も豊かな資本主義大国であったといわれ、1958 年にガルブレイスは、『ゆたかな社会』で「貧困は大多数の人々の問題から少数者の問題になり下った。貧困は一般的ではなくて特殊な場合になった」[15]と述べた。しかし、ハリントンは、1962 年に『もう一つのアメリカ──合衆国の貧困』で、「（『ゆたかな社会』の）討議が行われていた

一方で、もう一つのアメリカが存在していた。そこにはおよそ4000万ない し、5000万人の市民が住んでいた。彼らは貧しかった」¹⁶⁾と述べた。

また、1964年にアメリカ下院教育労働委員会では、アメリカ国民の5人 に1人は貧しい生活を強いられているという報告がなされた。その属性別で いうと、非白人、低学歴、女性、都市居住者、高齢者、単身世帯の貧困率が 高いことが示された。

一方、イギリスにおいても、エイベルースミスとタウンゼントの調査によ って、約6分の1の世帯が貧困状況にあることが明らかにされた。これに対 して世論は注目し、「貧困の再発見」と呼んだ。

そこで、1964年にアメリカのジョンソン大統領は、アメリカの貧困に対 する無条件の戦争（**貧困戦争**）を宣言した。また、貧困に対処するために雇 用対策事業や、教育事業、融資事業などを行った。

公民権運動

アメリカでは長年、黒人の公民権や公共施設の利用などで人種差別がなさ れてきた。公民権運動とは、**キング牧師**が指導者となり、黒人に対する差別 撤廃を求めた社会運動であった。この公民権運動のきっかけは、バスの白人 優先席に座っていた黒人女性に対し、運転手が席を白人のために空けるよう

取材に応じるマーティン・ルーサ ー・キング牧師
（写真提供：UPI＝共同）

に指示したが、これに従わなかったために警察に逮捕されたというバス事件であった。この事件に対してキング牧師は、1年間にわたりバスへの乗車をボイコットすることを市民に呼びかけた。

また、キング牧師は演説「I Have a Dream」（私には夢がある）を行い、人種差別撤廃を求めた。このような公民権運動を共に強く進めたジョンソン大統領の下、公民権法と投票権法が成立し、黒人への差別撤廃につながった。なお、キング牧師は、「I Have a Dream」という演説の翌年の1964年にノーベル平和賞を受賞した。

ケースワークの存在意義

1960年代のアメリカはベトナム戦争、黒人による公民権運動、貧困と失業者の問題、ケネディ大統領の暗殺に続くテロ等の社会問題の出現とそれへの解決が求められるようになり、社会改革が必要とされた時代であった。これらの社会問題の解決にソーシャルワークは、「自助の原理」を貧困者や貧困家庭に強いる実践になっているとして、社会的に批判された。また、ソーシャルワークは役に立っているのかと問われ、その存在意義に疑問を持たれるようになった。パールマンはこうした事態に対し、「ケースワークは死んだ」「ケースワークは小さくなった」と指摘し、ケースワークの存在意義を問い直そうとした。

(2) ソーシャルワークの再編

新しいモデルの登場

先述したように、ソーシャルワークは、その有効性や存在意義が問われるようになった。その後、ソーシャルワークの再構築に向けての多様化した動きがみられるようになった。

この頃行われていたソーシャルワークは「医学モデル」といわれ、問題を引き起こす原因を突き止めるための診断を行い、その原因を治療することで問題の改善を図ろうとした。このモデルは、「個人」を治療することで問題を改善するという、「個人」の内面に焦点をあてていた。それに対し、1980年に提唱されたジャーメインとギッターマンによる「生活モデル」は、クライエントのニーズや問題は、「個人」と「環境」の相互作用の結果であると

考え、クライエントの生活や問題状況を全体的に理解することを中心に援助を展開するという、「個人」と「環境」との交互作用に焦点をあてていた。そして、援助のツールとしては、ハートマンが考案したエコマップが用いられ、このモデルによって「個人」の内面的部分を中心課題にしていた「医学モデル」から脱皮し、「生活モデル」への転換が図られた。

地域を基盤としたソーシャルワーク実践

1990 年代以降、ジョンソンらによって体系化されたジェネラリスト・ソーシャルワークは、システム理論、生態学理論、ストレングス、エンパワメントなどが統合して成立した。このジェネラリスト・ソーシャルワークとは、クライエントの抱える問題を全体的、包括的にとらえる視点に加えて、必要と判断される援助内容を複合的に実施していくことができる柔軟性や想像力を持ったソーシャルワーカーを養成するための認識および実践の枠組みである[17]。

現代社会が非常に複雑化し、また多様化するなかで、従来のソーシャルワークの枠組みでは、現代の社会福祉問題すなわち生活問題に対処することが非常に困難になってきたことが、ソーシャルワークの統合化の最も本質的な要因であった。ジェネラリスト・ソーシャルワークは、まさにこのような複雑化、多様化した生活問題に、多角的に対応できるものである[18]。これにより、ジェネラリスト・ソーシャルワークが焦点を合わせ、介入する人と環境の交互作用そのものであることを理解することにより、Evidence Based Practice（根拠のある実践）が期待される。

4．日本におけるソーシャルワークの形成過程

(1) 戦前のソーシャルワーク

ケースワークの登場

日本にケースワークが登場したのは、1924 年の三好豊太郎「『ケースウォーク』としての人事相談事業」、1925 年の小沢一『組織社会事業とその元則』、1928 年の福山政一『ケース・ウォークの意義と方法』がはじまりといわれる。これらのいずれもリッチモンドのケースワークの定義とその方法論

を援用し、個人と社会の関係を重視した科学的な社会事業の必要性を示唆した。

方面委員制度の創設

　岡山県では1917年に笠井信一知事によって**済世顧問制度**が創設され、地域の有力者が済世顧問として県内の組織的救済にあたった。翌1918年には、大阪府知事である林市蔵と社会事業家であった**小河滋次郎**によって、今日の民生委員の前身である**方面委員制度**が創設された。この方面委員制度は、方面委員を市町村の小学校区に配置し、区域内の生活状態の調査、改善・向上の個別的対応をするものである。その後、1928年までに同様の制度が全国すべての道府県に配置された。しかし、全国統一されたものではなく、方面委員の選び方や職務に違いがあった。その後、1932年に救護法が制定されると、救護委員に方面委員があたることとされ、全国統一の方面委員令が制定された。なお、この方面委員制度は、1948年の民生委員制度まで続いた。

医療ソーシャルワークの始まり

　医療領域では1926年に芝済生会病院に済生社会部が、1929年に、聖路加国際病院に医療社会事業部が開設され、専任の医療ソーシャルワーカーが配置された。聖路加国際病院において実践活動に従事した**浅賀ふさ**は、日本における医療ソーシャルワークの草分け的存在である。

(2) 戦後のソーシャルワーク

　第二次世界大戦後、日本の社会福祉の仕組みは、連合国軍最高司令官総司令部（GHQ）の指導の下において新たな施策が開始された。その連合国軍最高司令官総司令部によってソーシャルワークが積極的に導入され、現在に続く社会福祉法制度の基礎がつくられた。

福祉三法

　母子、障がい者、復員軍人等生活能力を失った人々の困窮に対し、連合国軍最高司令官総司令部は「社会救済に関する覚書」を示し、①無差別平等の原則、②公私分離の原則、③救済の国家責任、④必要な救済は制限しないことが確認された。これに基づいて、1946年に（旧）生活保護法が制定された。とはいえ、国の責任で保護を行うことは明記されておらず、日本国憲法第

25条に定める生存権保障の国家責任という理念にそぐわないものであった。やがて、1947年には児童福祉法が制定され、児童委員や児童相談所が設置された。次いで、傷痍軍人（戦争で負傷し障がいを負って復員した軍人）だけでなく、戦争・災害・事故などの傷痍者に対する保護計画が進められ、1949年に身体障害者福祉法を制定し、「福祉三法」が確立した。

　この「福祉三法」が成立すると、社会福祉事業のすべてを網羅する共通事項を規定するための法律が求められ、1951年に社会福祉事業法（現：社会福祉法）が成立した。また、社会福祉主事の設置に関する法律が施行され、社会福祉主事が設置されるに至った。その社会福祉主事はケースワーカーとして、児童福祉法による児童福祉司、身体障害者福祉法による身体障害者福祉司も、それぞれの分野におけるソーシャルワークの実践者として期待された。

専門職団体の設立

　1953年に民間の専門職団体として日本医療社会事業家協会が結成され、職業団体、専門職団体として組織化が進められた。1958年には東京で国際社会事業会議が開催され、1960年に日本ソーシャルワーカー協会が結成された。この協会は、専門職としてのソーシャルワーカーの確立を目指した専門職団体であった。

　1987年に成立した「社会福祉士及び介護福祉士法」による社会福祉士の誕生は、社会福祉従事者の専門職化に新しい展開をもたらした。また、社会福祉士に加え、1997年の精神保健福祉士というソーシャルワーカーの国家資格の誕生は、わが国のソーシャルワークを大きく発展させる契機となった。

　その後、2000年の社会福祉基礎構造改革によって、社会福祉の基調を地域福祉とすることが明確にされ、地域を基盤にしたソーシャルワークのあり方が重視されるようになった。

ソーシャルワークの展開過程

　ソーシャルワークを実践する際、第1節第3項の「ソーシャルワークの理念」を踏まえたうえで、次のような相談援助のプロセスを通して、クライエントが抱えている生活上の問題を軽減・解決できるように関わる。

図3-1　ソーシャルワークの展開過程

1．ケースの発見

　ソーシャルワークの対象となるクライエントがなにかしらの生活上の問題を抱えていることが明らかになるプロセスをケースの発見という。

　問題を発見する機会には、大きく分けて2通りある。1つ目は、クライエントやその家族が相談窓口に来訪する、あるいは電話での相談をする場合である。2つ目は、近隣住民や他職種連携の連絡により発見する場合である。

　しかし、クライエントの中には、自分自身の問題を認識していない場合や、1人で抱え込んでしまう場合もある。そのような場合には、ソーシャルワーカーが相談機関に持ち込まれる相談を待つのではなく、問題を抱えた人がいる地域社会やその人たちの生活空間に出向き、手を差し伸べ、問題を抱えた人が援助を求めやすくなるような**アウトリーチ**という手法を用いる。

　ビネット①

　　地域包括支援センターのソーシャルワーカーである佐藤さんは、ある

日 82 歳になる鈴木さんという女性から電話を受けた。鈴木さんは 81 歳になる旦那さんと二人暮らしである。相談というのは、この旦那さんのことであった。20 分間ほどの電話相談で鈴木さんが語った内容は、以下のようなものであった。旦那さんは 10 年前からうつを発症したが、服薬で落ち着いた生活を過ごしていた。しかし、1 か月前に足の怪我から 2 週間程度入院をし、退院後からうつがひどくなったような気がする。先日には自殺をほのめかす言動があり、どうしたらいいのかわからずに、途方にくれているところである。

　ソーシャルワーカーの佐藤さんは直接会って話し合うことを促し、鈴木さんの自宅を訪問する日時を決定した。

２．受理面接（インテーク）

　受理面接（インテーク）とは、クライエントがどのような相談内容を抱えていて、その主訴の背景にある問題はなにかということを明らかにするために、ソーシャルワーカーが積極的、能動的に働きかけることを目的とした初対面の面接である。そのため、受理面接では、クライエントの話を傾聴、受容、共感の姿勢で聴き、記録に残す。

　受理面接（インテーク）では、クライエントとソーシャルワーカーはお互いに初対面の場である。クライエントは、ソーシャルワーカーとはどのような人なのか、どのように聴いてくれるのかなど、さまざまな不安を持っている。バイステックは、この不安を 7 つに分類し、それらに対応するソーシャルワーカーの態度を「ケースワークの 7 原則」としてまとめた。その 7 原則とは、①クライエントの抱える問題は、人それぞれの問題であり、同じ問題は存在しないという「個別化の原則」である。②クライエントの表現したい感情をうまく表現できるように、クライエントの感情表現の自由を認めるという「意図的な感情表現の原則」である。③ソーシャルワーカーは自らの感情を統制してクライエントに接するという「統制された情緒的関与の原則」である。④クライエントであるその人をあるがままに受け入れるという「受容の原則」である。⑤クライエントの言動や思考に対して、ソーシャルワー

カーは善意を判断しないという「非審判的態度の原則」である。⑥クライエントの自己決定を尊重するという「自己決定の原則」である。⑦クライエントから聞いた情報は秘密保持をするという「秘密保持の原則」である。

ビネット②

　後日、ソーシャルワーカーの佐藤さんは鈴木さんの自宅を訪問した。鈴木さんの旦那さんは通院のため不在であった。面接の間、鈴木さんは目を伏せがちで疲れ切った表情をしていた。鈴木さんは、「今、夫を失ったら、私つらくてどうしようもありません」と言って涙ぐんだ。ソーシャルワーカーの佐藤さんは鈴木さんが旦那さんのことをとても大切に思っていることが、前回の電話相談と今日の一言からよくわかった。そこで「本当に旦那さんのことが大切でいらっしゃるんですね」と返した。その言葉に促されるように鈴木さんは最近の状況について語り始めた。

　鈴木さんは「夫は私にとってすごく大事な人です、結婚して60年も連れ添っていますからね。子ども2人にも恵まれ、その2人とも県外で自分のしたい仕事を一生懸命頑張っていますしね。けど、夫のうつがひどくて……自殺されたら……」と話す。

　ソーシャルワーカーの佐藤さんは「なにかほかに不安に感じられていることはありますか？」と尋ねると、鈴木さんは涙ぐみだした。「夫はもともと心配症であり、うつの影響で心配症がひどくなった。先日の台風による避難勧告のレベル1でも、避難しなければならない、台風の風の影響で庭の木が倒れ、家が壊れてしまうと言っており、大丈夫だよと説得しても納得してくれなく、その対応に疲れた」と吐露された。

　ソーシャルワーカーの佐藤さんは「身近に頼れる方がいない状況はさぞ心細く、不安だったんですね」と傾聴、受容、共感の姿勢で鈴木さんの話を聴いた。そして、鈴木さんは不安な気持ちを吐き出したことで、少しではあるが表情が明るくなった。鈴木さんは「私の不安な気持ちを聴いてもらったら、少し気持ちが楽になりました。またなにかあったら話を聴いてくださいね」と話された。ソーシャルワーカーの佐藤さんは「いつでもお話を聴きますのでご連絡ください」と伝えた。

3. 事前評価 (アセスメント)

　ソーシャルワークは、「人」と「環境」の交互作用を対象に介入することにより、問題の解決を図ろうとする。問題を解決するためには、問題の状況とともに、クライエントとクライエントを取り巻く環境の状況について理解する必要がある。そのため、事前評価 (アセスメント) では、個別の状況を詳細に把握・理解するために情報収集が行われる。

　「人」「環境」についての情報をまとめてみると次のようになる。「人」では、①クライエントの年齢や家族構成などの基本情報、疾病や障がいなどの身体的状況 (要介護者であれば、その介護の状況) に関する情報、②心理的・情緒的側面に関する情報、③社会的役割や家族・近隣住民などとの人間関係に関わる社会的側面に関する情報である。「環境」では、①現在の住居状況、経済的状況などのクライエントに直接関わる環境に関する情報、②各種の法律、福祉サービスに関わる施設・機関・サービスの内容などの社会に存在する環境に関する情報、③ソーシャルワーカーが所属している施設・機関の機能と権限、ソーシャルワーカー自身の能力などの所属施設・機関の環境に関する情報である。

　この事前評価 (アセスメント) の際には、クライエントの話の流れに沿って情報を知ることが重要である。また、クライエント自身やクライエントを取り巻く環境が、問題を解決するにあたってどのような「強み」(ストレングス) を持っているかに着目して関わることが重要である。

　事前評価 (アセスメント) で得られた事柄を記述するよりも、クライエントを取り巻く状況を視覚化したほうが連携する他職種に情報を伝えやすいことから、エコマップなどに表すことが効果的である。

　ビネット③

　　数日後、鈴木さんが地域包括支援センターにソーシャルワーカーの佐藤さんを訪ねてきた。「先日、佐藤さんにお話を聴いていただいた後に、夫がかかりつけの精神科医に受診する際に付き添い、夫の心配症のことを相談しました。そうしたら、薬の量を調整してもらい、数日は落ち着

いた様子でした。ただ、最近はむらがあるので、私の趣味である日舞教室にも行けなく、常に夫から目が離せない状態に疲れてきて……」と疲労感がうかがえた。

　ソーシャルワーカーの佐藤さんは、「頼れる存在も近くにおらず、鈴木さん1人で頑張ってこられておつらかったでしょう。鈴木さんはまずなにを解決したら、楽になりますか？」と尋ねると、鈴木さんは「1人の時間がほしい。夫と一緒に生活することは嫌ではないんです。ただ、ずっと夫から目を離すことができなくて。最近では口喧嘩ばかりの日々で、息抜きの時間がほしい」と話された。

4．支援の計画（プランニング）

　ソーシャルワーカーは、アセスメントで得られた情報をもとにして全体的な理解をする。そのうえで、情報をもとにした支援の計画（プランニング）を策定する。そして、ソーシャルワーカーはクライエントとの面接を通して、最終的な目標（ゴール）と、その目標を達成するための短期的な目標を明確にしていくことになる。

　支援の計画（プランニング）に含まれる内容を「誰がどのような形で」「いつまで行うのか」、あるいは「社会資源のなにを」「どのように活用していくのか」ということを明らかにしておく必要がある。また、支援の計画（プランニング）の際は次のことに留意する必要がある。①優先順位を考慮すること、②ソーシャルワーカーとクライエントにそれぞれ知識や能力に違いがあることを考慮すること、③時間的な制限や限界があることを考慮することである。そして支援の計画は、クライエントと話し合いながら共通認識のもと決定していくものであり、それと同時に援助の計画（プランニング）の実施に関して、クライエントの承諾が必要である。

　ビネット④

　　ソーシャルワーカーの佐藤さんは、鈴木さんの面接を通して「鈴木さんの時間を増やす」という短期目標、「福祉サービスを活用しながら安定した夫との生活を送れるようにする」という最終目標を設定した。

ソーシャルワーカーの佐藤さんは、臨床心理士、保健師、民生委員など他職種とのケース会議を通して、鈴木さんの夫が活用できる福祉サービス、鈴木さんの精神的疲労を軽減するための専門的相談窓口、そして見守り等に各々対応することになった。また、鈴木さん自身が1人の時間を楽しむこと、さらにうつ病の家族の仲間を増やすことを目的にサークルや家族会等の情報提供を随時行うことになった。

5. 支援の実施とモニタリング

　支援の計画（プランニング）策定後、クライエントの承諾を得てから支援の計画のとおりに支援を実施していく段階に入る。支援の実施については、支援の計画に基づいた短期目標と最終目標の達成に向け、ミクロ・メゾ・マクロレベルの各レベルにおいて、ソーシャルワーカーの意図的な支援・介入・行動のもとに、クライエントとその環境との関係に働きかけを行うことになる。

　モニタリングとは、支援開始後の経過を観察・評価することである。支援の計画どおり適切に実施されているか、また支援を実施していくなかで、状況の変化があるか等を観察する。モニタリングを行い、クライエントやその家族に不都合があったり、サービス実施上の支障が確認された場合には、再アセスメント、支援の計画の修正を行うことになる。

　クライエントの状況に関するモニタリングの方法としては、クライエントや家族と面接を行う、または家庭訪問によってクライエントの様子を確認することなどがある。また、モニタリングはクライエントや家族の発言のみならず、彼らの状況や環境にも視点を置く必要があり、支援の計画に沿ったチェックリストを準備しておくことが望ましい。

　また、サービス提供状況に関するモニタリングの方法としては、サービス提供者から情報を得ることや、ケア会議を開催し、相互に経過観察の結果を報告し合うことがある。

　ビネット⑤
　　支援を実施開始してからしばらくして、様子をうかがうため、ソーシ

ャルワーカーの佐藤さんが鈴木さんのお宅を訪問した。「支援を開始して、その後どのような状況ですか？」と鈴木さんに話しかけると、「家族会に参加させていただいて、同じ思いを抱える人たちと会い、うつ病の人との関わり方なども教えてもらって気持ちが楽になりました。また、その教えてもらった関わり方をしてみたら、夫自身も落ち着くことが多くなり、少しですが夫から目を離すことができるようになりました」と疲労感が薄らいできた様子だった。そして「隣の県に住んでいる長男夫婦も『できるだけ協力する、できるだけ休日には実家に帰省するようにする』と言ってくれて、２週間に１回は様子を見にきてくれることになったんです」と明るい表情で話してくれた。ソーシャルワーカーの佐藤さんが「それは大変心強いですね」と言葉をかけた。

６．支援の終結とアフターケア

　支援の最終目標が達成され、クライエントの問題が解決されたり、問題は残っているがクライエント自身で解決できることが確認された場合には、支援関係の契約に基づいて支援を終結することになる。終結するときには、その支援がなんらかの成果をもたらしたかを評価する必要がある。ソーシャルワーカーとしては、行った支援が適切であったかという支援の計画の妥当性や、効果があったかという効果性を測る必要がある。

　クライエントや家族に対しては、支援の終結後でも別な問題が生じた場合には、いつでも支援を再開できることを伝え、またクライエントとの信頼関係の維持やこれまでの記録を保管しておくことが必要である。

引用・参考文献
1）社会福祉士養成講座編集委員会（編）新・社会福祉養成講座6　相談援助の基盤と専門職　第３版，中央法規出版，2015.
2）高井由起子（編著）わたしたちの暮らしとソーシャルワークⅠ　相談援助の基

　　盤と専門職，保育出版社，2016.

3）社会福祉士養成講座編集委員会（編）相談援助の基盤と専門職，中央法規出版，
　　2009.

4）山崎道子 ソーシャルワークを定義すること 時代と環境の変化の中で，ソーシ
　　ャルワーク研究，25（4），262-270, 2000.

5）ブトゥリム，Z.（川田誉音訳）ソーシャルワークとは何か その本質と機能，川
　　島書店，1986.

6）Barker, R. L., *The Social Work Dictionary* 5th ed., NASW Press, p.408, 2003.

7）日本学術会議社会福祉・社会保障研究連絡委員会 ソーシャルワークが展開で
　　きる社会システムづくりへの提案，2003.

8）杉本敏夫（監修），家高将明（編著）現代ソーシャルワーク論 社会福祉の理論
　　と実践をつなぐ，晃洋書房，2014.

9）Barker, R. L., *Social Work Dictionary*, NASW Press, 2005.

10）山崎美貴子 社会福祉援助活動における方法と主体，相川書房，2003.

11）マルサス，R.（高野岩三郎，大内兵衛訳）人口の原理，岩波書店，1935.

12）高野史郎 イギリス近代社会事業の形成過程，勁草書房，1985.

13）Richmond, M. E. *Social diagnosis, Russell Sage Foundation*, p.51, 1917.

14）関屋光泰 社会福祉士受験支援講座・教員日記，https://miseki.exblog.jp/

15）ガルブレイス，J. K.（鈴木哲太郎訳）ゆたかな社会，岩波書店，1990.

16）ハリントン，M.（内田満・青木保訳）もう一つのアメリカ 合衆国の貧困，日
　　本評論社，1965.

17）久保紘章，副田あけみ（編著）ソーシャルワークの実践モデル 心理社会的ア
　　プローチからナラティブまで，川島書店，2005.

18）山辺朗子 ジェネラリスト・ソーシャルワークの基盤と展開 総合的包括的な
　　支援の確立に向けて，ミネルヴァ書房，2011.

19）阿部實 チャールズ・ブース研究 貧困の科学的解明と公的扶助制度，中央法
　　規出版，1990.

20）福祉臨床シリーズ編集委員会編 相談援助の基盤と専門職，弘文堂，2009.

21）バイステック，F. P.（尾崎新ほか訳）ケースワークの原則 援助関係を形成す
　　る技法 新訳改訂版，誠信書房，2006.

22）長谷川匡俊ほか（編）社会福祉士相談援助演習，中央法規出版，2009.

23）井村圭壯，藤原正範（編著）日本社会福祉史 明治期から昭和戦前期までの分
　　野別形成史，勁草書房，2007.

24）北島英治，副田あけみ，高橋重宏，渡部律子（編）ソーシャルワーク実践の
　　基礎理論，有斐閣，2002.

25）仲村優一，一番ヶ瀬康子（編著）世界の社会福祉7 日本，旬報社，2000.

26）西村昇，日開野博，山下正國 社会福祉概論 その基礎学習のために 6訂版，中央法規出版，2017.

27）岡本民夫（監修）平塚良子，小山隆，加藤博史（編）ソーシャルワークの理論と実践 その循環的発展を目指して，中央法規出版，2016.

28）斎藤吉雄，石澤志郎（編）ソーシャルワーク実践の基礎，中央法規出版，1988.

29）佐藤豊道 ジェネラリスト・ソーシャルワーク研究 人間：環境：時間：空間の交互作用，川島書店，2001.

30）社会福祉士養成講座編集委員会 新・社会福祉養成講座7 相談援助の理論と方法Ⅰ 第3版，中央法規出版，2015.

31）坂田周一 社会福祉政策，有斐閣アルマ，2000.

32）高井由起子（編著）わたしたちの暮らしとソーシャルワークⅠ 相談援助の基盤と専門職，保育出版社，2016.

33）吉沢英子（編）ソーシャル・ワークの基礎 社会福祉Ⅱ，相川書房，1977.

第4章

福祉マネジメントの実際

第1節

ミクロ・メゾ・マクロソーシャルワークの枠組み

1．ミクロレベル・メゾレベル・マクロレベル

　わが国に、ミクロ・メゾ・マクロソーシャルワークの枠組みが紹介される
ようになったのは2007年の社会福祉士法改正以降ということができる。戦
後、アメリカから導入されたケースワーク、グループワークが直接援助技術、
コミュニティ・オーガニゼーション、リサーチ、ソーシャルアクション、ア
ドミニストレーションが間接援助技術と位置づけられ、長年、それらが援助
技術論として紹介されてきた。ミクロ・メゾ・マクロ実践は、法改正の際に
日本社会福祉士養成校協会に独自に設置された演習教育検討委員会において
議論され、それらが相談援助演習のテキストや教員テキストの中に示された
ことをきっかけに、ミクロ・メゾ・マクロの一連のソーシャルワーク実践の
必要性と重要性が大きく広がった。

　ミクロレベルは個人や家族が直面する困難状況を対象とする。個人や家族、
小さなグループを含むクライエントが抱えている生活問題を対象としたもの
であり、より一層の人権保障が求められる状況や人権侵害状況、より一層の
自己実現やQOL向上が求められる状況、自己実現の機会を奪われている状
況、社会的不利ゆえに機会を活かせていない状況等がある。

　メゾレベルはグループ組織、地域住民を対象とするレベルである。自治
体・地域社会・組織システム等を含み、具体的には各種の自助グループや治
療グループ、仲間や学校・職場・近隣等が含まれる。

　ミクロレベルの課題が、エンパワメントの状況や、社会的差別や抑圧が地
域社会からの排除の状況等によって生じている場合、ソーシャルワーカーは
グループや地域住民が、それらの問題を自らの問題としてとらえるような環
境をつくるために働きかける。

　マクロレベルは、社会全般の変革や向上を指向しているものである。これ

らはコミュニティと国家、国際システムであり、政策や制度を含む。差別、抑圧、貧困、排除等の社会不正義をなくすように、国内外に向けて社会制度や一般の人々の社会意識に働きかけることである。

　ミクロレベルやメゾレベルでの課題が、偏見や差別、雇用問題、法律や制度等といった社会構造の歪み、相談援助演習のための教育ガイドラインから生じている場合、ソーシャルワーカーは長期的な人間のウェルビーイング（人間の福利）を考え、社会問題を介入の対象とする。

　ソーシャルワークは、かつて個人への援助が活動の中心であったが、次第に小集団・組織や地域社会に対象が広がりつつある。現在、ソーシャルワークは、従来の個人や家族に関わるミクロレベルから、集団、または集団と地域社会に関わるメゾレベルやマクロレベルに拡大し、クライエントも個人とその家族から、クライエント・システムとしての小集団・組織、地域住民へと拡大している。

2．国際定義にみるソーシャルワークのとらえ方

　ソーシャルワークの枠組みについては、さまざまな国や地域において実践や研究が行われており、多くの定義が存在する。その中でグローバル定義として国際ソーシャルワーカー連盟（IFSW）の定義がある。第3章でも取り上げているが、旧定義と新定義を順番に提示する。

　旧定義

　ソーシャルワーク専門職は、人間の福利（ウェルビーイング）の増進を目指して、社会の変革を進め、人間関係における問題解決を図り、人びとのエンパワーメントと解放を促していく。ソーシャルワークは、人間の行動と社会システムに関する理論を利用して、人びとがその環境と相互に影響し合う接点に介入する。人権と社会正義の原理はソーシャルワークの拠り所とする基盤である。

（2000年7月27日モントリオールにおける総会において採択、日本語訳は日本ソーシャルワーカー協会、日本社会福祉士会、日本医療社会事業協会で構成するIFSW日本国調整団体が2001年1月26日決定した定訳）

新定義

　ソーシャルワークは、社会変革と社会開発、社会的結束、および人々のエンパワメントと解放を促進する、実践に基づいた専門職であり学問である。社会正義、人権、集団的責任、および多様性尊重の諸原理は、ソーシャルワークの中核をなす。ソーシャルワークの理論、社会科学、人文学および地域・民族固有の知を基盤として、ソーシャルワークは、生活課題に取り組みウェルビーイングを高めるよう、人々やさまざまな構造に働きかける。この定義は、各国および世界の各地域で展開してもよい。
（2014年7月メルボルンにおける国際ソーシャルワーカー連盟（IFSW）総会および国際ソーシャルワーク学校連盟（IASSW）総会にて採択。訳は社会福祉士専門団体協議会国際委員会・日本福祉教育学校連盟による）

　新定義は14年ぶりに改正されたものであり、ミクロな個人や家族の問題解決から地域を基盤としたソーシャルワークの展開、そしてメゾを考慮しつつマクロレベルでの社会変革・社会開発が強調されたものとなっている。旧定義の「人と環境の接点への介入」（エコロジカル・アプローチ）は、定義本文からは消え、それに代わり「人々やさまざまな構造に働きかける」となり、人々がその中にあるさまざまな社会システム――自然や物理的環境をも含む――に働きかけることを意味している。「社会正義、人権、集団的責任、および多様性尊重の諸原理は、ソーシャルワークの中核をなす」とあることから、さまざまなマイノリティに対する支援も視野に入れたものといえる。

第2節
ミクロ(個人・家族)の福祉マネジメント

1. 代表的な個別支援モデル

　ソーシャルワークは、そのときどきの社会的影響を受けながら、理論や実

践モデルの構築を繰り返し、発展してきた。以下に、代表的な個別支援モデルについて述べていく。

　ここで、「モデル」や「アプローチ」「理論」といった用語についてであるが、それぞれの使用者がそれぞれの目的や意図があって使用しており、明確な定義がない。ソーシャルワーク実践についての標準的なテキスト（社会福祉士養成講座編集委員会, 2010）によれば、「モデル」とは、「直接には把握することが難しい事象や現象を抽象化して、時には図式化等を試みて、描写、記述しているものと解することができる」もののことであり、「アプローチ」とは、「仕事や研究、問題などに『とりかかる方法』（時にはその際の態度も含む）であり、一連の流れをもった具体的な方法」のことと定義されている。

　アプローチはモデルに基づき、ソーシャルワークを展開する組織化された手立てととらえることができる。そして、ソーシャルワークの理論は、その時代の状況と実践を反映して社会と人間の関係をつなぐ考え方として概念化されたものととらえる。理論と実践の相互作用が、ソーシャルワークにおいて不可欠であることは言うまでもない。

(1) エコロジカルモデルとシステム理論

　エコロジカルモデルは、「生態学的視座」「エコロジカル・パースペクティブ」「エコロジカル・ソーシャルワーク」などとさまざまに翻訳されている。時期的には、先にシステム理論、次にエコロジカル理論がアメリカの社会福祉学の領域に導入されていく。システム理論は 1960 年代から導入され、1970 年代にはマイヤー（Meyer, C.）やゴールドシュタイン（Goldstein, H.）、ピンカス（Pincus, A.）、ミナハン（Minahan, A.）やサイポリン（Siporin, M.）らを中心に展開されてきた。ソーシャルワークの理論として台頭してくるのは、1970 年代である。それ以前にエコロジカルモデルの系譜をたどれば、生態学からの知見を得て「生活モデル」（life model）の概念を体系化した、ジャーメインとギッターマンの共著「ソーシャルワーク実践におけるライフモデル The Life Model of Social Work Practice」（Germain and Gitterman, 1980）が一つのきっかけとなっている。日本には 1975 年から、平塚良子、

小松源助、佐藤豊道、久保紘章、岡本民夫、小島蓉子、太田義弘、中村佐織らによって紹介されている。

システム－エコロジカル理論は、社会福祉学のいわゆる「ジェネリック」な系譜をたどることができる。システム－エコロジカル理論は、1970年代半ば家族療法（family therapy）に応用された。

1945年に理論生物学者ベルタランフィ（Bertalanffy, L. v.）によって発表された一般システム理論は、それまで主流だった還元主義に基づく近代科学に対して、有機体論を主張、生物体は単なる要素の集合ではなく、要素間の相互作用により組織されているものと考えた。

このシステム理論は、生物学にとどまらず、物理学、心理学、あるいは社会科学で扱われるいかなるシステムにも適用できる一般的特性を有しており、多くの分野でシステム分析のために活用されている。

社会福祉分野では、1980年代以降、エコロジカルな視点に基づく方法論の統合化が行われた際、「人と状況の全体性」をとらえる理論的枠組みとして重要な役割を果たした。すなわち、クライエント個人の問題としてとらえるのではなく、システムの中でとらえ、原因を分析し、解決を導くということである。

(2) 生活モデル

A. ハートマンとJ. レアードは、1980年代、エコシステムの視点を基礎とした家族中心ソーシャルワークのモデルを提示し、それはソーシャルワークの実践的展開における、中核的なモデルとして理解されている。

ジャーメインとギッターマンのエコロジカル・生活モデルは、人が生活環境と共存するための能力をコービング（対処能力）、そして環境が人のニーズに適応することをレスポンス（応答性）と呼び、対処能力が弱かったり応答性が親和しない場合に生活ストレスが発生するとした。

このモデルでは、クライエントの生活ストレスを改善するために、能力付与（エンパワメント）を行い、周囲の環境を変えたいという動機に働きかけると同時に環境に対しては組織集団による圧迫や支配的な権利の乱用があるとして、その修正に働きかける。

エコロジカル－生活モデルにおいては、ソーシャルワーカーはエンパワメントを援助の中心概念とし、問題の発生している人と生活環境のインターフェイス（接点）を明確にし、生活ストレスを生み出しているストレッサーをアセスメント（情報収集と分析）するものとしている。また、環境面では、仲介者の役割、代弁者の役割、組織者の役割を強調する。

(3) バイオ・サイコ・ソーシャルモデル

バイオ・サイコ・ソーシャルモデルでは、クライエントの置かれている困難な状況を把握するためには、バイオ（bio）／サイコ（psycho）／ソーシャル（social）という3つの側面に分けて判断する必要があるとする考え方である。

バイオ／サイコ／ソーシャルの3つの側面はそれぞれに独立したものではなく、相互に関連し合い複合的に作用し合って困難な状況をもたらしているととらえることから問題解決を図ることが望ましいとする。

① バイオ

健康状態やADL（日常生活動作）、IADL（手段的日常生活動作）の状況、能力などが含まれる。

② サイコ

心理状態や意欲、意思の強さ、嗜好、生活やサービスに関する満足度などが含まれる。

③ ソーシャル

家族や親族との関係、近隣関係、友人関係、住環境や就労状況、収入の状況、利用可能な社会資源などが含まれる。

このモデルの特徴は、クライエントの弱い部分・不利な状態にのみ目を向けるのではなく、クライエントの能力や意欲、嗜好、利用可能な社会資源などのストレングス（強み）の観点を重視するところにある。したがって、クライエントの意欲を高め、動機づけをする支援を第一に、クライエント自身によるセルフケアやセルフマネジメントを可能とすることや、多様な社会資源を活用することで支援を展開していくことになる。

（以上、日本社会福祉士養成校協会「相談援助ガイドライン」平成26年版の資料を参考

に作成)

2. 介入方法

(1) カウンセリング
① カウンセリングの概念と範囲

　カウンセリングは、クライエントの自己表現と自己理解の促進を中心に展開される技法である。心理カウンセリングだけでなく、福祉、医療、教育などの専門家による相談活動や、キャリア形成をサポートするキャリアカウンセリングも含まれる。

　ロジャース（Rogers, C. R.）が創始した来談者中心カウンセリングでは、カウンセラー（セラピスト）の態度条件として、①自己一致（congruence）、②無条件の肯定的関心（unconditional positive regard）、③共感的理解（empathy, empathic understanding）が重要と考えて、クライエント個人の感情に焦点を合わせることに重点を置く。そのため、ロジャースは「積極的傾聴」を提唱した。

　具体的にいえば、聴く側も自分の気持ちを大切にし、もし相手の話の内容にわからないところがあれば、そのままにせず聴き直して内容を確かめ、相手に対しても自分に対しても真摯な態度で聴くこと（「自己一致」に基づく傾聴）、聴き手が相手の話を聴くときに、相手の立場になって相手の気持ちに共感しながら聴くこと（「共感的理解」に基づく傾聴）とする。また、相手の話の内容が、たとえ反社会的な内容であっても、はじめから否定することなく、なぜそのようなことを考えるようになったのか関心を持って聴くこと（「無条件の肯定的関心」を持った傾聴）とする。

　次に、カウンセリングのアプローチの方法をいくつか紹介する。

　認知的・行動的カウンセリングは、不適切な思考によって、苦しい感情や有害な行動が引き起こされるとして、非合理的な認知を修正することで行動の改善を目指す。

　家族システムカウンセリングは、家族構造を維持するなかで、家族の成長を促し、成長を妨害している要因がある際には家族成員が用いている方法を

見出して、クライエントを理解する。

　精神分析的カウンセリングは、クライエントの抑圧された欲求や願望、心的外傷を意識化する。

　ピアカウンセリングとは、仲間同士や、同じ背景や特質を持つ者同士が、カウンセリングを行うものである。ピアとは「仲間」という意味であり、同じ悩みを持つ者同士が集まって、悩みを打ち明けたり、励まし合ったり、問題を乗り越えた体験を話し合ったりする。1985年に日本で初めて誕生した薬物依存症者の回復のためにつくられた施設DARCはその一例である。DARC（ダルク）とは、Drug（ドラッグ）Addiction（依存症、行動嗜癖）Rehabilitation（リハビリ）Center（施設）の頭文字をとっている。開設当初から行われている当事者が当事者を支援する方法は現在、精神医療の治療において注目されている。

　こうした自助グループ（Self Help Group）として、アメリカに源流を持つAA（アルコホーリクス・アノニマス；アルコール依存症を抱える人たちの集い）や断酒会、NA（ナルコティクス・アノニマス；薬物依存症の集い）、GA（ギャンブラーズ・アノニマス：ギャンブル依存症の集い）などもある。

② カウンセリングとソーシャルワークとの関係

　1996（平成8）年度より、文部科学省によって臨床心理士などがスクールカランセラーとして公立小・中学校に配置され、児童生徒への心理的援助や保護者への相談活動、教師へのコンサルテーションなどを行っている。

　2008（平成20）年度からは、公立小・中学校にスクールソーシャルワーカーが配置され、学校と関係機関との仲介、福祉施設や警察などへの協力要請、生活保護や就学援助の申請手続きの支援などを行っている。

　心理援助（セラピー）を行うには、心理的アセスメントにより、その個人の発達や認知能力、あるいは性格や人格の特性を把握しておくこと、すなわち臨床ソーシャルワークが必要である。

(2) 臨床ソーシャルワーク

　ソーシャルワーク理論の原点は、1917年の『社会診断』と1922年の『ソーシャル・ケース・ワークとは何か』でソーシャル・ケースワークを体系化

したリッチモンドから始まるとされる。クライエントの社会的状況とパーソナリティを正確にとらえる社会診断はフロイトの精神分析の影響を大きく受けている。その後、ハミルトンやトールによって診断主義派アプローチとして発展、さらに心理社会的アプローチとして継承された。

　心理社会的アプローチを提唱したホリスは、「状況の中にある人（The-Person-in-his Situation）」という概念を、心理社会的アプローチの中核とした。これは、クライエントとその人を取り巻く環境はバラバラに存在しているのではなく、相互に影響し合っていることを意味する。そして、クライエントの診断・介入のみを実施する、あるいは社会・環境の改良のみを目指すといった一面的な方法ではなく、両方が相互作用する状況の全体性を理解したうえで、双方に働きかけることが不可欠であると強調している。これらは臨床ソーシャルワークとも呼ばれている。

(3) 家族療法

　前出のシステム－エコロジカル理論は、1970年代半ばのソーシャルワーク理論に影響を与えた家族療法（family therapy）の理論と共通する点が多い。家族療法とは、個人や家族の抱えるさまざまな心理的・行動的な困難や問題を、家族という文脈の中で理解し、解決に向けた援助を行っていこうとする対人援助方法論の総称である。システム理論に基づいた治療者の意図的な介入で、機能不全となっている課題を家族成員間の相互作用を変容させることで、問題の解決や症状の改善を目指す心理療法のひとつである。

① 多問題家族

　家族療法の中で「支援困難事例」を紹介されることがある。「支援困難事例」とは、処遇困難ケース（hard-to-reach case）あるいは接近困難なクライエント（hard-to-reach client）と呼ばれてきたものである。「支援困難事例」に関して、ミクロ・レベルの支援方法の検討ばかりでなく、メゾ・レベルの組織運営のあり方からマクロ・レベルの政策課題の検討の必要性が生じてくる。

　社会福祉専門職が利用者に関わる事例の中で、「支援困難」とされるケースは常に存在しており、古くて新しい課題であり続けてきた。これらの困難

性にまつわる問題は、「援助困難」「処遇困難」「接近困難」「対応困難」「支援を望まない／求めない」「セルフネグレクト」あるいは「多問題家族」や「ハイリスク」等々の用語をもって説明されることもあり、困難性の背景にある問題は、相当に複雑で多様である。

　その中で多問題家族とは同一家族内において、複数の問題を同時に抱えており、慢性的に依存状態にある家族のことである。その特性として、(i)貧困問題がその中心にある、(ii)社会福祉機関の援助に拒否的である、(iii)地域社会から孤立している、などがあげられる。問題が慢性化すれば対応が難しくなり、「八方ふさがり」の状態になる。問題が多方面にわたるため、問題解決には各機関のチームアプローチが不可欠となる。

　具体的には、①家族の中に精神的な問題を持つ家庭、②家庭内に調整役がいない家庭、③虐待、DV、精神不安定が重なる家庭、④認知症などの後期高齢者がいる家庭、⑤アルコールやギャンブル依存の課題を抱える家庭、⑥不適切な子育てや虐待をされている子どもがいる家庭、⑦知的障がいやコミュニケーションに問題のある子どもを抱える世帯などがある。

　たとえば、アルコール依存症患者を抱える家族は機能不全に陥りやすいといわれ、意図せずアルコール依存症患者の病状を維持する役割をとってしまうイネイブラー（enabler）、またアルコール依存症問題に巻き込まれた子どもたちのAC（adult children of alcoholics）の問題等が指摘されてきて、家族自身の生きづらさを支援する実践が行われている。

　児童福祉の領域においては近年、児童相談所など公的機関が関与していながら児童虐待を防ぐことができず、重篤な問題に進展する事案が続いた。それらに共通する問題点としては、縦割りで情報共有ができない、経験のある専門職員の不足など、ソーシャルワークが十分機能していないことがあげられる。しかしながら、ソーシャルワークにおける虐待防止策は喫緊の課題である。

　児童虐待が起こる背景として、「子ども虐待対応の手引き」（厚生労働省）では、大きく次の3つのリスク要因に分類されており、さまざまな要因が複雑に絡み合うことで起こるとされている。

保護者側のリスク要因

　妊娠、出産、育児を通して発生するもの、保護者自身の性格や、精神疾患などの心身の不健康から発生するものである。例として、望まない妊娠で、妊娠そのものを受け入れられない、生まれた子どもに愛情を持てない、保護者が未熟で、育児不安、ストレスが蓄積しやすい、産後うつ病、精神障がい、知的障がい、慢性疾患、アルコール依存、薬物依存等により、心身が不安定になりやすい、保護者自身が虐待経験を持っている、攻撃的な性格、衝動的な性格などがあげられる。

子どもの側のリスク要因

　手がかかる乳児期の子ども、未熟児、障がい児などのほか、子どもの側になんらかの育てにくさがある場合など。

養育環境のリスク要因

　複雑で不安定な家庭環境や家族関係、夫婦関係、社会的孤立や経済的な不安、母子の健康保持・増進に努めないことなど。例として、家族や同居人、住む場所が変わるなど、生活環境が安定しない、家庭内で、夫婦の不和やDVが起こっている、親戚や地域と関わりを持たず、孤立している、失業や仕事が安定しないなどで、経済的に行き詰まっている、母子ともに必要な定期健診を受けていないなどがあげられる。

　虐待をしている保護者は、うしろめたさがあるため問題に触れてほしくない、できれば避けたいという気持ちがあり、発見が遅れたり、支援が進展しないことが多い。行政機関や地域福祉関連機関において積極的な対応が求められる。

　児童福祉の領域において児童虐待や家庭内の暴力、子どもの貧困、あるいは児童の知的障がいや発達障がいなどを含む複数の生活課題（多問題家族と呼ばれることがある）があり、家族がその課題の解決の担い手としては機能していない状況であるなかで、ソーシャルワーカーはこの支援困難事例への対応こそが、専門職としての力量が発揮されることが最も期待される領域であると考える。児童相談所、保健所、福祉事務所、市町村などその実践の蓄積がある程度は行われてきたが、わが国の場合、福祉行政の中では十分な体系化がなされていない状況にある。

② 「支援困難事例」の内容

「支援困難事例」の典型事例として、ごみ屋敷・多頭飼育・セルフネグレクトなどがある。

自ら支援を望まない人々の典型事例でもあるいわゆるごみ屋敷について取り上げる。ごみ屋敷の定義づけも支援困難と同様に、実はそれほどたやすくはないが、一般的には、居住者の生活領域に多量なごみが堆積し、不潔な環境が恒常化しているにもかかわらず、本人に認識力が欠如していたり、自ら片付ける意欲を失っていたりすることから、不衛生な状態のまま暮らし続けている状況を指している。そこでは、「キーパーソンがいない」「対象者が困っていない」などが解決を困難にしている要因である。

近年、社会的孤立問題としてごみ屋敷をとらえ、居住者に寄り添いつつ、地域住民とともに、居住者の見守りや不衛生な状況の解消に尽力する社会福祉協議会等の活動が見られる。

3. ケアマネジメント

(1) ケアマネジメントの意義と機能
① ケアマネジメントとは

ケアマネジメント（ケースマネジメント）[1] とは、1950 年代のアメリカの精神障がい者や知的障がい者の脱施設化[2] を背景に始まった地域生活を支援する方法である。1960 年代になると長期入院の精神障がい者に対して地域の中でコミュニティ・ケアを推進する方法として使われ、それが長期ケアを必要とする人、さらには HIV 患者へと対象を拡大していった。

イギリスでは、1970 年代にホームケアサービスと呼んでいたものが発展したもので、ケース（事例）と対象化されるニュアンスを避けて、ケアマネジメントと呼ぶことが定着した。

「ケア」が「ケース（事例）」に対して温かいニュアンスを持つことや、マネジメントするのは、「ケース」ではなく「ケア」であるということで、わが国ではケアマネジメントと呼ばれることが多い。

わが国においては、公的な用語としてケースマネジメントが最初に使われ

たのは、在宅介護支援センター運営事業実施要項の1994（平成6）年改正においてであった。そこでは在宅介護支援センターの職員は「個別処遇計画の策定（ケースマネジメント）等の技術に関し自己研鑽（けんさん）に努めるものとする」と書かれている。こうして在宅介護支援センターはケースマネジメント機関として位置づけがなされた。さらに、2000（平成12）年から導入された介護保険構想の中で、介護支援専門員として位置づけられているケアマネジャーの役割・機能については、要介護認定調査を行うことが主にクローズアップされた。その後、障がい者や児童の領域の中でもその広がりが見られる。

　児童の領域では、1996（平成8）年度、児童虐待ケースマネジメントモデル事業がある。児童の虐待の早期発見と迅速な対応、継続的なフォローアップのために、地域虐待対応ネットワークを構築し、虐待の早期発見に努めるとともに、ケースマネジメントを実施し、福祉事務所、医師、弁護士、警察等の関係者を含めたチームとの連携により、困難な事例に対応することとしている。1998（平成10）年3月には「児童相談所運営指針」において、児童相談所は児童虐待への対応において中核的な役割を担っていることから、地域における関係機関の会議を積極的に開催し、情報収集を行い、必要な助言・調整を行うことにより、ケースマネジメントの機関になるよう位置づけている。このように、児童虐待については、披虐待児とその家族を対象として、ケースマネジメントが実施されることになった。

　児童養護施設入所児童については、1998（平成10）年厚生省（現・厚生労働省）児童家庭局家庭福祉課長通知の「児童養護施設等における入所者の自立支援計画について」に示されている。児童の自立支援を図っていくために入所から退所後までを継続的に、関係機関との連携に基づき、児童自身の意向を踏まえて、評価（アセスメント）、意向聴取、計画、実践、再評価（再アセスメント）という自立支援計画の作成・実施を求めている。

　また、施設入所児童およびその家族の支援のための家庭支援専門相談員（ファミリーソーシャルワーカー、以下「FSW」と略す）によるケアマネジメントなどがある。

　その他、保育における障がい児保育の支援のためや子育て支援による子育

て支援センターにおけるケアマネジメントなどがある。

② ケアマネジメントの機能

ケアマネジメントには次のような機能が一般的にあげられる。

アセスメント

アセスメント（assessment）は日本語による定訳はないが、社会福祉実践において用いられる場合は「事前評価」や「査定」などといわれている。情報収集とその分析を行うことである。主な内容として、①家族状況、②障がい状況、③相談内容、④健康状態、⑤援助（介護）者の状況、⑥日常生活動作（ADL＝activity of daily living）状況と援助の必要性、⑦精神・身体状態、⑧家族の介護状況、⑨住環境、⑩インフォーマルな支援活動状況などがある。利用者支援のためには大切な情報収集である。

プランニング（ケア計画・支援計画）

ケアマネジメントの援助は、複数の生活上の困難に対し、かつそれらの問題を解決するためさまざまなサービスが組み合わされ、支援を要する利用者とともにケアプランが立案され実施される。

リンキング（連結）

利用者のニーズを満たすため社会資源を利用者（クライエント）にしっかり結びつけることが大切である。当然、ケースによって結びつける社会資源は異なる。ケアマネジャーはその役割が求められる。サービス調整会議など関係している機関が集まって協議することは有効な方法である。

アドボカシ（権利擁護）

利用者のニーズを満たすはずの社会資源が機能を発揮しない場合に、その利用者のために機能するよう、その社会資源に働きかけることである。利用者本人のニーズをわかりやすく代弁することが大切である。本人の意向聴取が不可欠である。

モニタリング（追跡）

支援計画がうまく遂行されているか否かについて、定期的に情報を集め、計画を修正し、支援ネットワークを維持することである。支援計画の修正が最も重要で、日本語では「見直し」と訳されることもある。

評価（Evaluation）

評価（エバリュエーション）は、一定の定めた期限ごとに、援助が計画どおり進み、効果が上がっているか、利用者（クライエント）の満足度はどの程度かを評価する必要がある。評価の後支援の内容に改善点があれば、スパイラルアップし改善を行っていく。

介 入

インターベンション（intervention）、日本語では「介入」と訳され、利用者（クライエント）自身の変化や問題状況の改善を目的としてなされるワーカーによる働きかけのことで、ケアマネジメントでは利用者の危機状態に介入していく機能がある。危機状態とは、たとえば、予期されない家族との突然の別離、配偶者の死、身体的・精神的な疾病や事故などの外的な打撃によって、急激に生活状況が変化する状態のことである。児童虐待による子どもの生命の危機などもこれにあたる。ケースマネジメントの技術においては、問題が慢性化しないうちに、危機介入を積極的に行わなければならない。

(2) 事例紹介と解説

・ケアマネジメントの例

事例の概要

両親と小3、小1の姉妹（当時）の四人暮らしの家族

主訴：養育困難。父親は長距離のトラックの運転手をしており2、3日家を空けることがある。母親は次女を出産した頃より育児不安やストレスなどから精神疾患を発症し、入退院を繰り返すようになった。母親は疾病のため家事はほとんどせず、養育が困難で放任状態である。子どもを家に置いたまま外出することもあり、子どもたちにとって、風呂に入れてもらえない、同じ服を何日も着ている、十分な食事をしていないなど衛生面、栄養面、健康面で問題があり、近隣からの通報で児童相談所が関わるようになった。母親には地域の保健師も関わるようになった。養育に関して夫婦間で衝突することが増え、母親の病状も悪化していき長期入院をすることとなった。父親1人では子ども2人を養育することはできず、一時保護の後、児童養護施設に入所することとなった。入所

後子どもたちは落ち着いて生活している。父親は月1回程度時間があれ
ば面会に来ている。2年後、父親より家庭に戻れる条件が合えば引き取
りたいとの申し出あり。児童養護施設の家庭支援専門相談員（FSW）に
よるケアマネジメントが開始された。

　この事例は本質的な内容を損なわない範囲で内容を変えている。家族とい
うミクロレベルの問題からメゾレベルである地域へソーシャルワークを展開
した事例であり、キーパーソンとなる父親を中心とし、家族のエンパワメン
トが低下しないようパートーナー関係を維持しつつソーシャルワークを展開
したものである。

　① 入 口
　このケースは養育困難・ネグレクトから児童相談所がマネジメント機関と
なって児童養護施設入所となったものであり、施設入所後も継続して支援し
ている。その後施設入所児童の家庭復帰に向けたケアマネジメントとなり
FSW がケアマネジャーとなってケアマネジメントを進めた。この場合、施
設入所時とは別のケアマネジメントと考える。家庭復帰にあたっては、子ど
もたちの意向聴取も行っている。
　② アセスメント
　FSW は、子どもたちの家庭復帰にあたって施設の担当保育士や児童指導
員、学校の担任、さらに家庭訪問を行い家庭環境、元の学校の校長、母親の
担当保健師などから聞き取りをし、アセスメントを行った。その結果、復帰
に向けて以下の課題・問題点があることがわかった。
　・母親の退院と支援体制
　・子どもたちの生活の支援
　・子どもたちの通学
　・家事支援
　・地域での見守り体制
　③ そこで、以下のケア計画が考えられた。
（i）母親の退院と支援体制 → 保健師の訪問による支援
（ii）子どもたちの生活の支援 → 放課後は児童館[3]を利用する

(iii) 子どもたちの通学 → 学校との連携

(iv) 家事支援 → 民間の食材の配達を利用

(v) 地域での見守り体制 → 生活が落ち着くまでは、しばらくの間児童相談所の担当福祉司、施設の担当保育士・児童指導員が定期的に家庭訪問を行い、様子をみる。地域の民生委員・児童委員[4]に不定期ではあるが様子をみてもらう。

　課題・問題点を情報共有するため児童福祉司、保健師、施設担当保育士・児童指導員、民生委員・児童委員など関係者が集まり会議（サービス調整会議）を実施し、それぞれの役割分担を明確化した。

④　ケアプランの実施とモニタリング

　子どもたちが家庭復帰し母親も退院し、支援計画が実施され1月ほど様子をみていたが、母親に対しもう少し支援が必要であること、父親が仕事で不在にする時間が長いことと負担が大きいということで再度関係者が集まり支援の内容が以下のとおり検討され追加された。

（i）母親に対しては、保健師の関わりに加え、週3日ほど地域の精神障がい者のための就労支援センターを利用し、生活スキルを身につけてもらう。

（ii）父親の負担を軽減するために地域の児童家庭支援センター[5]を利用する（父親の勤務によってはトワイライトステイ[6]を利用する）。

　児童家庭支援センターは、1997（平成9）年の児童福祉法改正により創立されたもので、地域の子どもの福祉に関する各般の問題につき、子ども、母子家庭その他の家庭、地域住民その他からの相談に応じ、必要な助言を行うとともに、児童相談所長のとるべき措置や、都道府県のとるべき措置による指導を行い、合わせて児童相談所、児童福祉施設などとの連絡調整その他援助を総合的に行うことを目的としている。

　乳児院、児童養護施設、母子生活支援施設、児童自立支援施設、情緒障がい児短期治療施設（現在は児童心理治療施設に名称変更となっている）などの児童福祉施設に附置することができるとされていたが、2008（平成20）年の法改正により、児童福祉施設への附置要件が廃止された。

　以上の内容をエコマップで表すと図4-1のようになる。

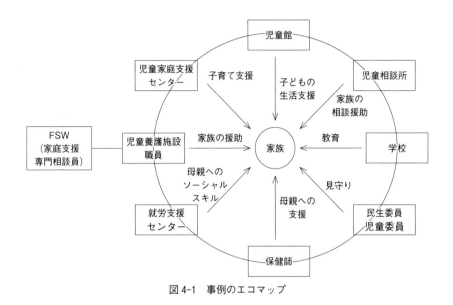

図4-1　事例のエコマップ

⑤　終　結

　このケースの場合、子どもの発達と成長、母親の病状の安定と生活スキル
の獲得、夫婦間の感情的な確執を取り除くことなど時間を要する課題である。
社会資源に依存しきって、家族の持つエンパワメントが低下しないよう支援
していくことが大切である。キーパーソンとなる父親を中心とし、パートナ
ー関係を維持しつつ支援していくことが重要である。

　この事例は従来の個人や家族に関わるミクロレベルから、集団、または集
団と地域社会に関わるメゾレベルやマクロレベルに拡大し、クライエントも
個人とその家族から、クライエント・システムとしての小集団・組織、地域
住民へと拡大しているケースでもある。

注
1）わが国においてケースマネジメント（Case Management）とケアマネジメン
　ト（Care Management）は同じように使用されているが、ケースとは、事例な

どのことで、クライエントの問題解決を援助していく過程に関わっていく状況全体が、個別性を持っていることを表すために用いられるもので、クライエントそのものを表すものではない。

　ケアとは、世話、保護、監督、介護などの意味合いで使用される場合が多い。

２）脱施設化とは、施設の長期入所者を地域生活に移行させることで、ノーマライゼーションの提唱により 1950 年代以降北欧から広まりアメリカにおいて広まっていった。

３）養護を必要とする児童などを対象とした放課後児童健全育成事業があり、この事業は、児童福祉法第６条の３第２項の規定に基づき、保護者が労働等により昼間家庭にいない小学校に就学しているおおむね 10 歳未満の児童（放課後児童）に対し、授業の終了後に児童館等を利用して適切な遊びおよび生活の場を与えて、その健全な育成を図るものである。学童保育、放課後児童クラブなどとも呼ばれている。

４）民生委員は、都道府県知事の推薦により厚生労働大臣が委嘱するという「行政委嘱型ボランティア」とも呼ばれる地域社会の名誉職であり、専門職とはやや異なる。また、児童委員も兼ねる。その役割は、地域住民の生活実態を把握するための調査、要保護者の適切な保護指導、社会福祉関連団体・施設などとの密接な連携、福祉事務所など関係行政機関の業務への協力などである。住民の身近な相談相手となり、かつ行政との大切なパイプ役となるのが民生委員ある。

５）児童家庭支援センターの具体的な事業内容については、①地域の子どもの福祉に関するさまざまな問題についての相談、必要な助言、②継続的指導が必要な子どもや、その家庭に対する児童相談所長の指導措置委託に基づく指導、③訪問等の方法による要保護児童および家庭に係る状況把握、④児童相談所、福祉事務所、児童福祉施設、民生委員、児童委員、公共職業安定所、保健所、学校など関係機関との連絡・調整、⑤要保護児童および家庭に係る援助計画の作成、⑥その他子どもまたはその保護者などに対する必要な援助。

６）夜間養護等（トワイライト）事業は、子育て短期支援事業のひとつとして短期入所生活援助（ショートステイ）事業とともに実施されている。対象は仕事が恒常的に夜間にわたる父子家庭などで、本事業の対象として市町村長が認めたものである。このケースの場合は、父子家庭ではないが状況によっては社会資源のひとつとして考えられる。

参考文献

飯村史恵 支援困難事例から考える福祉サービスの今日的課題，立教大学コミュニ

ティ福祉研究所紀要，第5号，2017.

石川久展 わが国におけるミクロ・メゾ・マクロソーシャルワーク実践の理論的枠
　組みに関する一考察 ピンカスとミナハンの4つのシステムを用いてのミクロ・
　メゾ・マクロ実践モデルの体系化の試み，*Human Welfare*, 11(1), 25-37, 2019.
　関西学院大学.

大嶋恭二，金子恵美（編著）保育相談支援，建帛社，2011.

久保紘章・副田あけみ（編著）ソーシャルワークの実践モデル 心理社会的アプロ
　ーチからナラティブまで，川島書店，2005.

厚生労働省 子育て世代包括支援センター業務ガイドライン.

小松源助，仲村優一，根本博司，畠山龍郎（編）社会福祉実践シリーズ1 多問題
　家族へのアプローチ，有斐閣，1985.

社会福祉士養成講座編集委員会（編）相談援助の基盤と専門職，中央法規出版，
　2009.

社会福祉士養成講座編集委員会（編）相談援助の理論と方法Ⅱ，中央法規出版，
　2009.

社会福祉士養成講座編集委員会（編）新・社会福祉士養成講座7 相談援助の理論
　と方法Ⅰ 第2版，中央法規出版，2011.

社会福祉士養成講座編集委員会（編）新・社会福祉士養成講座9 地域福祉の理論
　と方法 第3版，中央法規出版，2015.

新・社会福祉士養成講座7 相談援助の理論と方法Ⅰ 第3版，中央法規出版，
　2018.

高井由起子（編著）わたしたちの暮らしとソーシャルワークⅠ 相談援助の基盤と
　専門職，保育出版社，2016.

林邦雄，谷田貝公昭（監）髙玉和子，和田上貴昭（編著）相談援助，一藝社，
　2012.

増沢高 子ども虐待の発見と支援（子どもの虹情報研修センター）.

第5章

メゾ（グループ・組織・地域住民）〜マクロ（地域社会）の
福祉マネジメント

第1節

「地域を基盤としたソーシャルワーク」と「コミュニティソーシャルワーク」の
実践理論

　わが国では、人口構造や社会経済の変化にともない、さまざまな生活課題が顕在化し地域社会存続の危機感が生まれている。また、福祉分野のみならず、保健・医療や就労などの分野にまたがって支援を必要とする者への公的支援制度の課題や、「社会的孤立」の問題、買い物や通院などの移動、軽度の認知症や精神障がいが疑われるなどさまざまな問題を抱えるが公的支援制度の受給要件を満たさない「制度の狭間」の問題も浮きぼりとなっている。そのため、それらの解決に向けて、公的な制度いわゆるフォーマルな部分だけでは支援しきれない介護、福祉、保健・医療を地域社会や住民のインフォーマルな部分によってカバーしていく体制づくりが求められている。

　このように高齢化や人口減少の急速な進行を背景に、地域でのつながりが弱まり、人間関係も希薄化する傾向にある状況の下、地域を基盤として住民がつながりを支え合える取り組みをはぐくんでいくことが必要となっている。厚生労働省が2015年9月に公表した「新たな時代に対応した福祉の提供ビジョン」を受けて「ニッポン一億総活躍」の社会づくりが進められるなか、2016年7月に、厚生労働省に「『我が事・丸ごと』地域共生社会実現本部」が設置された。

　これは、福祉分野においても「支え手側」と「受け手側」に分かれるのではなく、地域のあらゆる住民が役割を持ち、支え合いながら、自分らしく活躍できる地域コミュニティを育成し、公的な福祉サービスと協働して助け合いながら暮らすことのできる「地域共生社会」を実現することを目指すものである。

　このような社会の動向の中で、ソーシャルワークの実践領域においては、2014年に採択されたソーシャルワークのグローバル定義において、ミクロ・メゾ・マクロソーシャルワークの実践が連続性あるいは一貫性を持つも

のとして位置づけられており、社会福祉士教育におけるミクロ・メゾ・マクロソーシャルワーク実践の必要性に影響を与えている。

　また、わが国において2007年の社会福祉士法改正時に「地域を基盤としたソーシャルワーク」が打ち出され、それとほぼ同時期に「コミュニティソーシャルワーク」の議論も深まり、これら2つの実践理論が浸透していった。

　「地域を基盤としたソーシャルワーク」「コミュニティソーシャルワーク」の2つの実践理論についての詳細は次節で説明するが、ミクロおよびメゾレベルを中心にマクロレベルまで実践を展開する理論ということができる。

第2節
「地域を基盤としたソーシャルワーク」と「コミュニティソーシャルワーク」の
概要と介入方法

1.「地域を基盤としたソーシャルワーク」の概要

(1)「地域を基盤としたソーシャルワーク」の定義

　地域を基盤としたソーシャルワークとは、ジェネラリスト・ソーシャルワークを基礎理論とし、地域で展開する総合相談を実践概念とする。個を地域で支える援助と個を支える地域をつくる援助を一体的に推進することを基調とした実践理論の体系である。

(2) 地域を基盤としたソーシャルワークの概念
① 個々の状況に合わせた援助システムの構築

　既存のサービスや制度にクライエントが合わせるのではなく、クライエントにサービスや制度が合わせていくということである。これは、問題解決の主体はクライエント自身であるというソーシャルワークの価値と通底する考え方に立脚している。

② 地域住民等のインフォーマルサポートの積極的参画

　地域を基盤として実践するということは、地域の専門職のみならず、地域の力、つまり近隣住民やボランティア、NPO等によるサポートを活用するという視点が重要となる。

(3) 地域を基盤としたソーシャルワークの4つの特質

① 本人の生活の場で展開する援助

　従来は、クライエントが生活圏域を離れ、専門分化された相談機関に赴き、そこで特定の問題について必要な援助を受けるというかたちが多かった。しかし、地域を基盤としたソーシャルワークは、クライエント本人が生活する場を拠点として、クライエントと彼らを取り巻く環境を対象として一体的に援助を展開するところに特徴がある。また、実践概念である「総合相談」とは、クライエントを起点として援助を展開することである。

② 援助対象の拡大

　クライエントを中心に据えることによって、問題を分別して対応するのではなく、地域生活上でクライエントが認識するさまざまな「生活のしづらさ」に焦点を当てることができる。また、「総合相談」とは、そうした問題の多様性に応えることができるように守備範囲を広げていくことでもある。

③ 予防的かつ積極的アプローチ

　地域を基盤としたソーシャルワークに基づく総合相談においては、予防的な働きかけ、つまり問題が深刻になる前に対応することも特質とする。そのためには、ソーシャルワーカーが総合相談の担い手として、日常生活圏域を拠点としながら、地域住民との共同によって発見・見守り機能を遂行することが求められる。

　予防的アプローチとして、従来からの、アグレッシブ・ケースワークやアウトリーチと呼ばれてきた手法を用いて、ワーカーが常時、ニーズに目を向け、積極的に働きかけていくことが求められる。

④ ネットワークによる連携と協働

　地域を基盤としたソーシャルワークにおいては、複数の援助機関、複数の専門職、さらには地域住民等がネットワークやチームを形成し、連携と協働

表 5-1　地域を基盤としたソーシャルワークの８つの機能

	機能	概　要
1	広範なニーズの対応	社会福祉小六法等の従来の枠組みに拘泥しない援助対象の拡大。地域生活上の「生活のしづらさ」という広範なニーズへの対応。先駆的・開発的機能の発揮。
2	本人の解決能力の向上	個人、家族、地域住民等の当事者本人を課題解決やニーズ充足の主体とする取り組み。地域における生活主体者としての視座の尊重。問題解決能力、ワーカビリティ、エンパワメントの重視。
3	連携と協働	地域における複数の機関の連携と協働による課題解決アプローチの重視。チームアプローチおよびネットワークによる対応。地域におけるケースカンファレンスの重視。
4	個と地域の一体的支援	個を地域で支える援助と個を支える地域をつくる援助の一体的推進。個への支援と地域力の向上の相乗効果の志向。「１つの事例が地域を変える」という積極的展開。
5	予防的支援	地域住民・組織による早期発見機能と予防的プログラムの重視。状況が安定してからの見守り機能による継続的支援の展開。発見から見守りまでの長期的対応。
6	支援困難事例への対応	深刻化と複雑化の様相を呈する支援困難事例への適切な対応。専門職による高度なアプローチ。連携と協働のためのケースカンファレンスの活用。適切な社会資源の活用。
7	権利擁護活動	権利侵害事例に対する権利擁護の推進。成年後見制度等の権利擁護のための制度の積極的活用。セーフティネットの拡充と地域における新しいニーズの掘り起こし。権利擁護の担い手の養成。
8	ソーシャルアクション	個別支援から当事者の声を代弁したソーシャルアクションへの展開。社会資源の開発と制度の見直し。住民の参画と協働による地域福祉計画等の策定。ソーシャルインクルージョンの推進。

(岩間，2011)

によって援助を提供することもその特質として指摘できる。また、ネットワークによる連携と協働は、総合相談の特徴的な機能である。

(4) 地域を基盤としたソーシャルワークの８つの機能

　前述の４つの特質を踏まえ、地域を基盤としたソーシャルワークに求められる機能について、岩間（2011）は表5-1に示したとおり①広範なニーズの対応、②本人の解決能力の向上、③連携と協働、④個と地域の一体的支援、⑤予防的支援、⑥支援困難事例への対応、⑦権利擁護活動、⑧ソーシャルアクション、の８つに整理している。

２．コミュニティソーシャルワークの概要

(1) コミュニティソーシャルワークの展開

　コミュニティソーシャルワークは、1982年に「バークレイ報告」を発表
し、イギリスにおけるコミュニティケアを推進する援助技術としてコミュニ
ティソーシャルワーク概念の提唱が行われた。そのなかで、コミュニティソ
ーシャルワークとは「地域を基盤としたカウンセリングと社会的ケア計画の
統合したソーシャルワーク実践」ととらえられている。

　わが国においては、1990年の社会福祉八法改正により、在宅福祉サービ
スを軸に地域自立生活を支援するという考え方と実践方法が展開されるにと
もない、地域を基盤としたソーシャルワークの実践が求められる条件が生ま
れた。1990年に厚生省（当時）社会局保護課に設置された「生活支援事業研
究会」（座長：大橋謙策）で、初めて家族や地域社会全体をとらえた「コミュ
ニティソーシャルワーク」による援助活動の必要性を提起している。1990
年代以降では、1994年に大橋謙策を中心に日本地域福祉研究所が設立され、
地方自治体レベルでトータルケアのシステムづくりが行われ、コミュニティ
ソーシャルワークの理論化が本格化してきた。2000年には改称・改正され
た社会福祉法において地域福祉の推進が明記されたことにより、コミュニテ
ィソーシャルワークへの関心が高まった。

　厚生労働省社会・援護局に2007年10月に設置された「これからの地域福
祉のあり方に関する研究会」（座長：大橋謙策）は2008年度末にその報告書
「地域における『新たな支え合い』を求めて──住民と行政の協働による新
しい福祉」を発表した。そこで、地域福祉をコーディネートする核となる人
材（コミュニティソーシャルワーカー）の養成の必要性について示した。

　大橋は、コミュニティソーシャルワークについて2002年に改めて日本的
に位置づけし直し、次のように述べている。

　「コミュニティソーシャルワークとは、地域に顕在的に、あるいは潜在的
に存在する生活上のニーズを把握（キャッチ）し、それら生活上の課題を抱
えている人々との間でラポール（信頼関係）を築き、契約に基づき対面式

（フェイス・ツー・フェイス）によるカウンセリング的対応を行いつつ、その人や家族の悩み、苦しみ、人生の見通し、希望等の個人因子とそれらの人々が抱える生活環境、社会関係のどこに問題があるかという環境因子に関して分析、評価（アセスメント）し、それらの問題解決に関する方針と解決に必要な支援方策（ケアプラン）を本人の求めと専門職の必要性の判断とを踏まえて両者の合意で策定し、そのうえで制度化されたフォーマルケアを活用しつつ、足りないサービスに関してはインフォーマルケアを創意工夫して活用する等、必要なサービスを総合的に提供するケアマネジメントを手段として援助する個別援助過程を重視しつつ、その支援方策遂行に必要なインフォーマルケア、ソーシャルサポートネットワークの開発とコーディネート、ならびに"ともに生きる"精神的環境醸成、福祉コミュニティづくり、生活環境の改善等を同時並行的に推進していく活動および機能といえる」（大橋, 2006）。要するに、個別支援と地域支援の統合を図るものであり、専門職や住民との連携等によるソーシャルネットワークに関わる仕組みづくりの要素も含まれるととらえることができる。また、岩間（2011）がコミュニティベースドソーシャルワークとして、個を地域で支える援助と個を支える地域をつくる援助という2つのアプローチを一体的に推進することとまとめており、コミュニティソーシャルワークと同様の概念ととらえている。

しかし、コミュニティソーシャルワークの概念は未だ統一されたものはない。

(2) コミュニティソーシャルワークの特徴

① 個別化と脱個別化の統一

② 地域基盤の援助展開

③ パーソナルアセスメントとコミュニティアセスメントの連結

④ 専門職と非専門職の結合によるチームアプローチへの発展

⑤ 予防的なアプローチの重視

⑥ 援助システムの一要素から総合的援助システムの再構築へのシフト転換

(3) コミュニティソーシャルワークの機能

① ニーズキャッチ機能

② 個別支援・家族全体への支援機能

③ 国際生活機能分類（ICF）の視点および自己実現アセスメントシートおよび健康生活支援ノート式アセスメントの視点を踏まえたケアマネジメントをもとに、"求めと必要と合意"に基づく支援計画およびケアプランの実施

④ ストレングス・アプローチ、エンパワメント・アプローチによる継続的対人援助を行うソーシャルワーク実践の機能

⑤ インフォーマルケアの開発とその組織化機能

⑥ 個別援助に必要なソーシャルサポートネットワークの組織化と個別事例ごとに必要なフォーマルサービスの担当者とインフォーマルケアサービスの担当者との合同の個別ネットワーク会議の開催・運営機能

⑦ サービスを利用している人々の組織化とピアカウンセリング活動促進機能

⑧ 個別問題に代表される地域問題の再発予防および解決策のシステムづくり機能

⑨ 市町村の地域福祉実践に関するアドミニストレーション機能

⑩ 市町村における地域福祉計画づくり機能

コミュニティソーシャルワークとは、従来のケースワーク、グループワーク、コミュニティワークを統合し、かつケアマネジメントを含んだ総合的なソーシャルワーク展開であるといえる。

3. 地域福祉計画と地域福祉活動計画

地域福祉計画は、2000年6月の社会福祉事業法等の改正により社会福祉法に新たに規定された事項であり、自治体が策定する市町村地域福祉計画および都道府県地域福祉支援計画からなる。地域福祉計画の策定については、2018年4月の社会福祉法の一部改正により、任意とされていたものが努力

義務とされた。さらに、「地域における高齢者の福祉、障害者の福祉、児童の福祉その他の福祉の各分野における共通的な事項」を記載する、いわゆる「上位計画」として位置づけられた。

　地域福祉活動計画は、これまで社会福祉協議会（以下、社協）が策定してきた「地域福祉計画」を「地域福祉活動計画」とし、地方自治体が策定する社会福祉の計画との概念を整理する意味で 1992 年の「新・基本要項」に示された。

　地域福祉計画と地域福祉活動計画の関係については、2003 年 11 月の「地域福祉活動計画策定指針」において、地域福祉計画と地域福祉活動計画の策定の協働を提起している。それは、福祉問題を解決し地域福祉を推進していくためには、行政計画の地域福祉計画と住民とともに策定する社協の地域福祉活動計画が一体的に策定され、お互いに補完し連携・役割分担される関係であることが重要であると述べている。

４．協議体と地域ケア会議

　協議体とは、地域で暮らし続けるため地域の中で支え合う力と地域の中で包み込む力をはぐくむこと。また、住民の支え合い活動や生活支援サービスを活性化させたり、新たにつくり出すために設置するものである。特徴としては、町内会の活動等の地域活動をしている人や元気な高齢者や物知り・世話好きの人などの地域住民が主体となり、専門職の側面的支援を受けながら、地域の支え合いを発展させ、新たな地域づくりを進めるための場をつくることである。一方、地域包括ケアシステムでは、個別の要介護高齢者の課題解決のために専門職や関係機関、事業所等と当事者を構成員とする「地域ケア会議」の充実が求められている。

５．圏域の設定

　地域でソーシャルワーク実践を行ううえでは、担当する圏域をどのように設定するかが重要である。地域には、近隣、町内会、小学校区、中学校区、

市町村全域という単位での圏域が存在し、圏域ごとに地域活動や事業の取り組みが行われている。地域包括支援センターは、日常生活圏域（中学校区）ごとに設置されている。圏域設定においては、住民自身が生活する際に不便なく社会資源がある圏域という観点と、専門職が地域住民との連携がとりやすい圏域という観点が重要であり、対象地域の人口規模だけでなく、アクセス性についても考慮する必要があると指摘されている。

6．包括的な相談支援システム

　福祉ニーズが多様化・複雑化しているなか、分野ごとに分かれている単独の相談機関では十分に対応することが困難である。このように複合的な課題を抱えるもの等に対して、「住民の身近な圏域」において、地域生活課題に関する相談を包括的に受け止める体制の整備が進められている。このような状況の下、地域共生社会実現に関するモデル事業として、2017年度から「多機関の協働による包括的支援体制構築事業」が実施されている。これは地域の課題を包括的に受け止める場を構築するものである。

第3節
山形市社会福祉協議会の
地域福祉活動計画に基づく事例紹介

　ここでは、山形市社会福祉協議会の地域福祉活動の実践について紹介する。

1．山形市の人口動態

　平成30（2018）年の山形市の人口は、24万6201人、世帯数10万1708世帯であり、高齢化率は28.8％である。28年の「山形市人口ビジョン」によると、年齢3区分で見ると、年少人口は昭和55（1980）年から減少しており、

表 5-2　山形市の地域福祉活動に関する組織 (2019 年現在)

地区社協	全 30 地区
町内会	549 町内
民生委員児童委員	492 人（主任児童委員 60 人含む）
学校	小学校 37 校、中学校 16 校、高等学校 14 校
基幹型地域包括支援センター	1 か所（山形市より市社協に委託）
地域包括支援センター	14 か所（うち 3 か所、山形市より市社協に委託）
障がい者相談支援センター	6 か所（うち 1 か所、山形市より市社協に委託）
成年後見センター	1 か所（山形市より市社協に委託）
生活困窮者自立相談支援	1 か所（山形市より市社協に委託）

　平成 7 年には年少人口と老年人口の逆転が始まっている。生産年齢人口は順次老年期に入り、また平均寿命が延びたことから、老年人口は平成 62（令和 32, 2050）年まで緩やかに増加を続けると予測される。65 歳以上の高齢者を支える生産年齢人口は、平成 22 年には 2.6 人で 1 人を支えていたのに対し、平成 72（令和 42, 2060）年には平成 22 年の約半分の 1.2 人で 1 人を支えることになると予測されている。また、出生率が回復した場合でも、転出超過が改善されない場合には、山形市の人口は 2035 年で 22 万 9476 人、2060年では 19 万 8481 人と大きく減少することも予測される。

２．山形市の組織

　山形市の地域福祉活動に関係する主な組織については表 5-2 のとおりである。

３．山形市の「地区社協」について

　山形市の「地区社協」は、昭和 29（1954）年から 31 年にかけて実施された昭和の市町村大合併により、当時町村に組織していた「社協」を「地区社協」として改組した。昭和 31 年度から全戸会員制を実施し、小学校区単位に、地区社会福祉団体連絡協議会の組織を発足させ、昭和 32 年に市社協が社会福祉法人の認可を受け、その後、昭和 37 年には全地区が「地区社協」

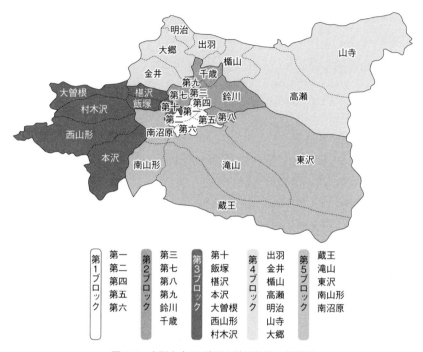

図 5-1　山形市内 30 地区の地区社協の位置図

と名称を統一した。そして、各地の「地区社協」は「単身高齢者激励会」「単身高齢者への配食サービス」等、地域の高齢者中心の事業を展開したことが始まりである。現在、山形市には 30 の行政区（おおむね小学校区）に「地区社協」が組織され、山形市社協と連携して活動を進めている。

　以下に山形市内 30 地区の地区社協の位置図を示す。

４. 山形市社協の事務局組織・職員体制について

(1) 山形市「第二次地域福祉活動計画」（平成 18 ～ 22 年度）の策定時期
　山形市社会福祉協議会では、「第二次地域福祉活動計画」（平成 18 年度～）の策定された時期に合わせて、「総務課」「福祉のまちづくり課」「地域ケア推進室」「自立支援サービス課」「つくも保育園」から、4 つの部門「法人運

営部門」「地域福祉部門」「在宅サービス部門」「保育部門」に再編した。福祉のまちづくり課と地域ケア推進室を合わせて「地域福祉部門」に位置づけ、「福祉のまちづくり係」と「生活支援係」とし、「福祉のまちづくり係」では、ふれあい総合相談所、ボランティアセンター、「生活支援係」では、地域包括支援センター、日常生活自立支援事業、成年後見制度法人後見事業、障がい者相談支援センターの業務を担当する。この時期は、福祉のまちづくり係の職員6名と地域包括支援センター2か所で30地区を担当する仕組みづくりを進めたが、地域福祉全般の業務との兼ね合いにより、担当地区へきめ細やかに関わることが難しい状況であった。

(2) 山形市「第三次地域福祉活動計画」(平成23〜27年度) の策定時期

「第三次地域福祉活動計画」(平成23年度〜) の策定時期では、「地域福祉部門」の「生活支援係」を2つに分けて、「生活支援第一係」「生活支援第二係」とした。これは、権利擁護関連事業等の拡大にともなう改革である。「生活支援第一係」では、地域包括支援センター、障がい者相談支援センター、「生活支援第二係」では、日常生活自立支援事業、成年後見制度法人後見事業、成年後見センター(平成25年〜)、生活困窮者自立相談支援事業(平成25年10月〜)の業務を担当する。

(3) 山形市「第四次地域福祉活動計画」(平成28〜32年度) の策定時期

「第四次地域福祉活動計画」(平成28年度〜) の策定時期では、図5-2のとおり「地域福祉部門」の「福祉のまちづくり係」を2つに分けて、「福祉のまちづくり第一係」「福祉のまちづくり第二係」とした。これまでの業務は、「福祉のまちづくり第一係」が担当し、「福祉のまちづくり第二係」には、コミュニティソーシャルワーカー(以下「CSW」という)3名、生活支援コーディネーター13名を専任で配置した。生活支援コーディネーター13名というのは地域包括支援センターのある日常生活圏域ごとに1名の配置であり、CSW3名というのは、30の地区社協を「中央ブロック」「南西ブロック」「北東ブロック」の3つブロックに分けており、ブロックごとに1名を配置し、生活支援コーディネーターとCSWがチームとして機能するよう配慮し

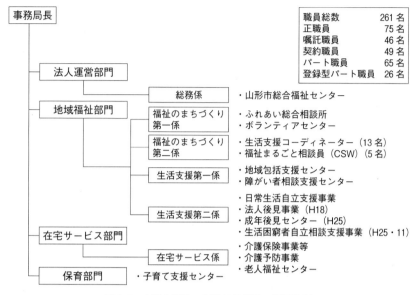

図 5-2　山形市社協の事務局組織図・職員体制

（作成：山形市社会福祉協議会）

た。また、6月から「『我が事・丸ごと』の地域づくりの推進モデル事業」を実施するにあたり、CSW 2名を追加して配置し CSW 5名の配置となった。この際に CSW の5名全員について「福祉まるごと相談員」という名称を用いていた（以下、山形市社協の CSW を「福祉まるごと相談員」で統一して用いる）。

　組織を再編し、職員を増員して配置することにより、役割が明確になり担当地区の関わりの業務をきめ細やかに行うことができるようになった。

5. 山形市社協の特徴的な取り組み

　平成 3（1991）年に「ふれあいのまちづくり事業」が創設され、平成 4年に全社協より「地域福祉活動計画策定指針」が出され、「地域福祉活動計画の手引」が刊行された。それによると、行政の策定するものを「地域福祉計画」、社協が中心となり、住民等の活動・行動等を計画したものを「地域福

祉活動計画」としている。

「地域福祉計画」については、平成12年に改正施行された社会福祉法に基づき、平成15年4月1日より施行された公的な計画である。そして、住民や民間福祉団体で策定される「地域福祉活動計画」は「地域福祉計画」と一体的に策定されることが推進されている。

山形市においての「地域福祉計画」は、平成23年に策定されたが、厚生労働省の調査「地域福祉計画策定状況等について（平成22年3月31日時点）」によるとこの時期の策定状況は、「策定済み」48.5％であり、市区部に限って見ると、「確定済み」69.1％であり、山形市の「地域福祉計画」は少し遅れての策定ということができる。しかしながら、「地域福祉活動計画」については、山形市社協により平成8年に策定されており、平成4年に指針が出されたことからすると、いち早く策定が行われたといえる。

山形市の「地域福祉計画」が策定された平成23年は、山形市社協の「第三次地域福祉活動計画」が策定された時期であり、相互の連携を図り計画が策定された。

「山形市の地域福祉運営」について、山田（2013）は『住民主導の地域福祉理論』において、「地区社協」「第一次地域福祉活動計画〜第三次地域福祉活動計画」をもとにこれまでの地域福祉の発展過程について取り上げている。それを踏まえて、ここでは、その後の「第四次地域福祉活動計画」までの経過を整理し、特徴的な取り組みについて表5-3にまとめる。

表5-3に、「第一次地域福祉活動計画」から、「第四次地域福祉活動計画」までの概要を整理したが、山形市の「地域福祉計画」と山形市社協の「地域福祉活動計画」の策定では連携が図られていることや、圏域の重層性も認識できている。また、「第一次地域福祉活動計画」から、「第四次地域福祉活動計画」の策定過程において特徴的な活動が積み上げられてきた。そこで、それらの活動や状況について説明する。

(1)「地域福祉計画」と「地域福祉活動計画」の連携した計画策定について

山形市では、平成23（2011）年に山形市による「第一次地域福祉計画」、山形市社協による「第三次地域福祉活動計画」を山形市社協が主導し連携し

表5-3　山形市の「地域福祉活動計画」（第一次から第四次まで）の概要

第一次地域福祉活動計画	平成8〜17年度
背景	・この時期は、高齢化率17.4%であるが、今後の高齢化の進行にともなう介護問題等が予測され始めた時期である。 ・これまでも、「地区社協」や地区民生委員児童委員協議会が主体となり、地域の福祉の支えとして活動を展開していたが、一人暮らしや高齢者世帯、夫婦のみ世帯の増加などにより、きめ細かな生活課題に対応することが困難な状況であるとする組織的課題を反映させるかたちで策定された。 ・テーマは、「ふれあいやまがた福祉文化のまちづくり」とした。
特徴的な取り組み	・福祉協力員活動 ・「地区社協だより」の発行 ・ふれあいいきいきサロン
評価	・第二次地域福祉活動計画（以下第二次計画）の策定に向けて、平成17年度にアンケート調査や住民座談会を実施し評価を行った。 　「町内会へのアンケート調査」 　「全地区住民座談会」 　「福祉施設・NPO法人・福祉団体等にアンケート調査」 ・住民座談会やアンケートより課題として取り上げた、地域福祉活動のリーダーや担い手や活動拠点の確保、子ども関連、ニーズ把握、災害支援について第二次計画に盛り込み地域住民の声が反映されるようにすることとなる。
第二次地域福祉活動計画	平成18〜22年度
背景	・テーマは、第一次計画を踏襲し、「ふれあいやまがた福祉文化のまちづくり」とし、第一次地域福祉活動計画（以下第一次計画）の評価を反映し、地域住民の声を取り入れ、住民参加を徹底させるかたちとして策定されている。
特徴的な取り組み	・子育てサロンの充実 ・要支援者への地域での見守り体制づくりの強化 ・「地区地域福祉推進会議」 ・「三者懇談会」（福祉マップの作成）
評価	・第二次計画は、進行管理・評価の方法として評価基準が設定され、実施計画をさらに具体化した具体的計画、策定時の状況、評価基準、外部、内部、取組状況という方法で評価が行われ、その評価のもと、計画が実効性を持つものとする。
第三次地域福祉活動計画	平成23〜27年度
背景	・子育て世帯や障害者世帯の孤立、無縁世帯の増加等の課題を背景として、基本理念は、引き続き「ふれあいやまがた福祉文化のまちづくり」とし、基本目標を「わたし・わたしたちがつくる誰もが安心して暮らせる福祉のまち・やまがた」、さらに3つの基本目標、「1．気づこう・学ぼう」「2．参加しよう・取り組もう・支え合おう・助け合おう」「3．育てよう・つながろう・ひろがろう・築こう」とした。 ・山形市「第一次地域福祉計画」と連携し策定された。
特徴的な取り組み	・ちょっとした支援 ・住民支えあい隊の検討

評価	・「地域福祉活動計画推進委員会」を設け、進行管理をし、さらに、30 地区の住民が参加する「市民から意見を聴く会」を定期的に開催し、市民目線での意見をまとめ、評価を行った。
第四次地域福祉活動計画 平成 28 〜 32 年度	
背景	・30 地区での住民座談会や町内会長、民生児童委員、福祉協力員、施設、事業所、保育所へのアンケート調査、障がい者への聞き取り調査を実施した。結果として、主に「住民同士のつながりの希薄化」「地域福祉活動者の不足」「孤立・孤独」という課題が多く出された。 ・この課題解決のため、①つたえよう、②つながろう、③つくろう、④ささえようの 4 つの柱を立てた。
特徴的な取り組み	・コミュニティソーシャルワーカー（CSW）、生活支援コーディネーター配置など基盤を整備 ・地域福祉活動サポーター（仮称）の育成
評価	・計画がどのように進められているのか、その成果と課題を明らかにするために、計画の進捗状況について、委員会やワーキンググループの整備、地域での福祉活動実践者から意見を聴きながら評価を行い、その評価については、理事会や評議員会へ報告をする。

た計画策定が行われた。日本地域福祉学会研究プロジェクトによる平成 29 年の調査結果によると、それぞれの計画を策定するにあたり、「行政職員が活動計画策定委員となり、検討段階で連携している」が 28.2％と最も多く、次に「地域福祉活動計画と連動させて別冊にしている」が 17.6％、「地域福祉活動計画と連動させて合冊にしている」が 14.1％であり、「地域福祉活動計画との連動は十分ではない」7.1％、「地域福祉活動計画は策定されていない」11.8％、そして、「策定委員会の合同事務所を設けて一体的に議論、策定している」は 4.7％とわずかであった。この調査は、東京都、長野県、宮崎県の市区町村行政 165 か所（回収率 51.5％）を対象として行われた調査であり限定的ではあるが、検討段階で連携しているところは 3 割弱であり、合同事務所を設けて一体的に議論、策定しているのは 1 割にも満たない状況である。

　山形市の「地域福祉計画」と「地域福祉活動計画」は「策定委員会の合同事務所を設けて一体的に議論、策定している」に位置づけることができる。その方法としては、山形市福祉推進部生活福祉課（地域福祉計画策定委員会事務局）と山形市社会福祉協議会（地域福祉活動計画策定委員会事務局）をメンバーとして、合同事務局会議を開催し、相互の連携を図りながら計画を策定

している。しかし、「地域福祉計画」と「地域福祉活動計画」は合冊ではなく、別冊となっている。

　また、両計画を策定するにあたり、課題把握のひとつとして市内全30地区で「住民座談会」を開催している。この会は、20歳代から高齢者までの幅広い年代層の住民から意見を聞くが、これを進めるうえで、行政職員も担当者として関わり、山形市社協職員と協働して事務局を担いながら進めることによって、課題の共有が可能となる。また、その課題を両者で分析することにより、課題解決に向けた目標が共有できることから計画策定後においても連携し推進できる体制となる。このように計画策定時に行政側の理解が得られることにより社協職員の活動がスムーズに行うことができる点は大きな意義があるといえる。

(2) 圏域の重層性について

　地域には、さまざまな累積された圏域が存在している。そして「地域福祉活動計画」は、民間の活動、行動計画としての性格を打ち出しており、圏域について、自治会、町内会、小学校区、中学校区などの小地域社会を想定し計画の策定を行うこととなる。介護保険法においては日常生活圏域の考え方が打ち出され、おおむね中学校区を単位として、地域包括支援センターが設置されるなど、基盤整備が進められた。しかし、地域住民による地域福祉活動への参加促進や継続性にとって効果的であると考えられる、住民に身近な圏域はもっと小さな圏域であると考えられることから、地域福祉（活動）計画を策定するうえでは、住民主体の地域福祉活動の展開が可能となる適切な「住民に身近な圏域」設定が求められる。

　牧里（2012）は地域住民の地域活動と社会福祉課題の視点から小学校区の持つエリアの意味について、「住民の参加の視点に立つとき、小学校区という小地域は、大変大きな意味をもっていると思われる。なぜならこのスモール・コミュニティは、地域活動に直接参加できるサイズであり、また住民自治や民主主義を最初に学ぶ場でもあるからである。この地域活動への直接参加を通じて人間は、生活の主体者として形成されていく自己を認識するものである」と述べ、また、地区社協について「福祉性と地域性を兼ね合わせた

社会存在としての地区社協こそ、『福祉コミュニティ』に最も近いものではないかと思われるのである」と述べている。

　山形市では住民が主体となり地域福祉活動を推進するために、おおむね小学校区単位である30地区に地区社協が整備され地域活動を推進し、また、町内会（日常生活）、小学校区（地区）、中学校区（ブロック）、市全域と四層の圏域においての拠点と活動が明確にされており、圏域の重層性が認識されている点は評価できる。

(3) 計画策定による特徴的な取り組みについて

① 福祉協力員活動

　山形市社協では福祉協力員活動について平成4（1992）年から取り組み、第一次地域福祉活動計画の策定により、平成8年には30地区でこの福祉協力員活動に取り組むことができ、見守り、声かけ、訪問活動を行い、身近な地域の福祉問題を早期発見し、町内会役員、民生委員、児童委員と連携し、福祉サービスにつなげ、住民同士で助け合う（互助）仕組みづくりを行っている。また、福祉協力員が主体での研修会を開催し、町内会役員、民生児童委員と地域の課題やニーズの把握の場となっている。その後、第二次地域福祉活動計画での「三者懇談会」へと発展している。

② 三者懇談会

　第二次地域福祉活動計画の時期では、町内会役員・民生児童委員・福祉協力員の三者による「三者懇談会」を強力化した。そこでは、地域の問題・課題を共有し、町内で要支援者等の把握や支援体制等につての話し合いが行われる。具体的には、子育て支援活動、要支援者を地域で見守る活動について一歩進めるために、三者懇談会で深めること、福祉マップの作成・更新や第三次地域福祉活動計画での「ちょっとした支援」の検討が行われ、実際の支援へとつなげている。

③ 福祉マップの作成

　福祉マップは三者懇談会などで把握した要支援者の状況を地図にマーキングし、一目見てわかるようなマップである。住民は、日頃から隣近所と協力し合える関係をつくるために福祉マップの作成に協力している。町内会は、

支援者が必要な方や地域の状況を把握し、日常の活動がスムーズに行われるように福祉マップの作成・更新を継続して進めるようにしている。地区社協と市社協は、福祉マップの定期的な更新が継続するよう支援をしている。

④ ふれあいいきいきサロンの開催

身近な地域で、顔の見える関係ができることで、住民同士がお互いに支え合い・助け合い、誰もが安心して暮らせるように、地域の中の居場所づくり、住民同士の仲間づくり、生きがいづくりのためにふれあいいきいきサロン活動を行っている。活動内容としては、子育ておしゃべりサロン、世代間交流サロン、障がい者サロン、介護者サロン、いつでもサロンなど多岐にわたる。

町内会単位のふれあいいきいきサロンは、「第四次地域福祉活動計画」策定時の平成28年には234サロンであり、平成22年当時に比べ110サロン増加し、地域に広がりをみせている（平成30年6月現在277サロン）。

⑤ 地区地域福祉推進会議

この会議は、地域の生活課題を多くの住民で共有し、解決に向け話し合う場であり、町内会役員、民生児童委員、福祉協力員、子ども会、育成連合会、身体障がい者協会、老人クラブ、その他さまざまな団体がメンバーとなり、平成26年には全30地区で開催できるようになった。具体的には、担い手養成・つながりづくり・認知症の方の見守り・サロンの推進の方策・防災について協議し課題解決に取り組んでいる。

⑥ ちょっとした支援

近隣の支え合い活動として「ちょっとした支援」を展開している。この活動は、隣近所など身近な地域でお互いさまの気持ちを持ち、助け合い・支え合いの活動や地域の子どもたちの安全や成長の見守り、電球の取り換えなど日常の中でのまさに「ちょっとした支援」の展開である。また、買い物が困難な高齢者への支援として、社会福祉施設の送迎車の空き時間を活用してスーパーへの送迎を行う。これは、社会福祉施設の地域貢献活動に対し、地区役員が同乗するなどして山形市社協が調整役となり連携を図ることにもつながっている。また、山形市は積雪の課題もあることから、雪かき支援もあげることができる。平成26年には山形市のすべての高校（13校）で、高齢者宅や通学路の雪かき支援を開始している。また、中高生等が登校途中にごみ

出しが困難な高齢者宅等のごみ出しの支援も行っている。これらは、三者懇談会であげられた生活課題について近隣での助け合いにより解決できることを実践している取り組みといえる。ここで注目しておきたい点は、他機関と地域の連携が好ましい活動について山形市社協がコーディネートしているという点である。そして、ちょっとした支援が地域の取り組みとして根付くよう、住民ボランティアで組織する住民支えあい隊の設置を進めている。

⑦ 福祉まるごと相談員と生活支援コーディネーターの関係

「福祉まるごと相談員」とは、いわゆる CSW のことであり、モデル事業「多機関の協働による包括的支援体制構築事業」の実施にともない、通称「福祉まるごと相談員」としている。第 2 層の生活支援コーディネーターは、中学校区である日常生活圏域において圏域内のニーズ把握や社会資源の開発を行うなど、主に介護保険の事業であるが、高齢者のみならず、障がい者（児）、児童も視野に入れている。また、小学校区である地区社協を複数担当し地域支援にあたっている。

福祉まるごと相談員（以下「まるごと相談員」とする）は、モデル事業により 2 名配置し、また、ブロックごとに同事業を推進するため、独自に専任として 3 名配置し、計 5 名体制で、個別支援、地域支援、仕組みづくり等、制度の枠にとらわれない支援活動に取り組んでいる。モデル事業により配置された 2 名のうち 1 名が午前中は市役所の窓口に出向し、市役所内の 1 課では解決が難しい福祉ニーズの複合化・複雑化した世帯支援や制度の狭間の問題に対応し、適切な機関につなげる役割を担っている。行政の組織は縦割りであり、柔軟な対応が困難であることから、当事者の家族等の課題に気づいても対応できないケースがある。そこで、世帯の問題も丸ごと受け止め、対応するという取り組みとともに包括的な支援体制の構築に力を入れている。

以上のように、まるごと相談員や生活支援コーディネーターの配置の基盤を表 5-4 のとおりに整備し、より強力に地域福祉活動を進められるようにしている。

日本地域福祉学会研究プロジェクトによる平成 29 年の調査結果によると、地域福祉のコーディネーター（いわゆる CSW）の配置状況について、「すでに配置されている」40％、「配置を検討中」21.2％、「まだ検討していない」

表5-4　福祉まるごと相談員（CSW）と生活支援コーディネーターの関係　（名）

	地区	生活支援コーディネーター第1層	生活支援コーディネーター第2層	CSW（福祉まるごと相談員）	CSW（福祉まるごと相談員）
中央ブロック	第一 第二		1	1	2 モデル事業（相談支援包括化推進員）
	第三 第四 第九		1		
	第七		1		
	金井		1		
	第十 飯塚 樋沢		1		
南西ブロック	第五 第八	1	1	1	
	第六		1		
	滝山		1		
	南沼原		1		
	蔵王		1		
	南山形 本沢 西山形 村木沢 木曾根		1		
北東ブロック	千歳 出羽 明治 大郷 山寺		1	1	
	高瀬 楯山		1		
	東沢 鈴川		1		
人数計		1	14	3	2

（出所：山形市社会福祉協議会作成資料を参照）

31.8％であったことから、東京都、長野県、宮崎県という限定された地域での調査ではあるが、半数以上の自治体で地域福祉のコーディネーターの配置がされていないことからすると、山形市においては、ブロックごとにも、3名の専任のまるごと相談員の配置が行われるなど、地域の相談基盤の整備が

進んでいるといえる。

　以上のように、地域共生社会を目指した「地域を基盤としたソーシャルワーク」や「コミュニティソーシャルワーク」を進める体制が整備されてきている。しかし、地域住民による活動の担い手や、住民の主体的な地域活動を支え協働して解決にあたること、また、地域住民の課題を「丸ごと」受け止めるための、全世代・全対象型の包括的な相談支援体制の構築に向けて取り組む力量のあるソーシャルワーカーの育成を強化していくことが課題である。そして、それと併せて地区社協の活動拠点や住民が気軽に話し合える場の整備を進めることも必要である。

参考文献

石川久展　わが国におけるミクロ・メゾ・マクロソーシャルワーク実践の理論的枠組みに関する一考察　ピンカスとミナハンの4つのシステムを用いてのミクロ・メゾ・マクロ実践モデルの体系化の試み，*Human Welfare*，11(1)，25-37，2019.

井上孝徳，川﨑順子　地域包括ケアシステムの構築をめざしたソーシャルワークの実践的課題の一考察　ミクロ・メゾ・マクロ領域の連動性と循環性，九州保健福祉大学研究紀要，12，9-19，2011.

岩間伸之　地位を基盤としたソーシャルワークの特質と機能　個と地域の一体的支援の展開に向けて，ソーシャルワーク研究，37(1)，4-19，2011.

岩間伸之，原田正樹　地域福祉援助をつかむ，有斐閣，2012.

大橋謙策　コミュニティソーシャルワークの展開過程と留意点　新版地域福祉事典，22-23頁，中央法規出版，2006.

大橋謙策（編著）ケアとコミュニティ　福祉・地域・まちづくり，ミネルヴァ書房，2014.

大橋謙策他（編）コミュニティソーシャルワークと自己実現サービス，万葉舎，2000.

厚生労働省「我が事・丸ごと」の地域づくりについて.

厚生労働省「多機関の協働による包括的支援体制について」.

厚生労働省「これからの地域福祉のあり方に関する研究会報告書」.

下村美保・長岡芳美「我が事・丸ごと」地域共生社会の実現に向けた地域づくり

山形市社会福祉協議会の地域福祉活動の積み上げの考察，東北文教大学・東北文教大学短期大学部紀要，9, 83-101, 2019.

社会保障審議会福祉部会福祉人材確保専門委員会 ソーシャルワーク専門職である社会福祉士に求められる役割等について，2018.

全国社会福祉協議会 地域福祉活動計画策定指針 地域福祉計画策定推進と地域福祉活動計画，平成 15 年 11 月.

高橋誠一他（編）介護保険における「新しい地域支援事業」の生活支援コーディネーター〈地域支え合い推進員〉と協議体，全国コミュニティライフサポートセンター（CLC），2015.

都築光一（編著）地域福祉の理論と実際，建帛社，2012.

日本地域福祉学会研究プロジェクト 地域福祉に関する包括的支援体制と住民福祉活動支援に関する調査結果報告，平成 29 年.

日本地域福祉学会研究プロジェクト 地域共生社会の実現に向けた地域福祉の実践・理論課題，平成 29 年.

日本地域福祉学会研究プロジェクト 日本地域福祉学会公開研究フォーラム 地域共生社会の実現にむけた地域福祉の実践・理論課題，平成 30 年 1 月 21 日開催資料.

菱沼幹男 福祉専門職による地域支援スキルの促進要因分析 コミュニティソーシャルワークを展開するシステム構築に向けて，社会福祉学，53 (2), 32-44, 2012.

牧里毎治 住民参加で読み解く岡村地域福祉論，牧里毎治他（編著）『自発的社会福祉と地域福祉』ミネルヴァ書房，123-125 頁，2012.

森明人 コミュニティソーシャルワークの特質と現代的意義 地域福祉の理論的系譜と構成概念の多角的検討，東北福祉大学研究紀要，35, 111-126, 2011.

山形市「山形市人口ビジョン」平成 28 年 2 月.

山形市社会福祉協議会，第四次地域福祉活動計画，平成 28 年 3 月.

山形市 住民基本台帳，平成 30 年 5 月.

山田宜廣 住民主導の地域福祉理論，筒井書房，2013.

第6章

マクロ（地域社会、制度・政策）の福祉マネジメント

第 1 節

福祉社会の開発

1. 福祉国家の変遷

(1) 福祉国家の建設

　福祉国家とは、「完全雇用政策に併せて、福祉提供システムが市民の権利ないし国家の目標として恒常的に制度化され、ナショナル・ミニマム（最低生活保障）が組み込まれた普遍的な福祉・社会保障政策が広く行われている国」というのが一般的に用いられる定義である[1]。福祉国家は、20世紀初めに、夜警国家や戦争国家・独裁国家に対比する言葉や国家理念として生まれた。その後、第二次世界大戦中の1942年にイギリスのベヴァリッジ（Beveridge, W. H.）が『社会保険と関連諸サービス』（通称「ベヴァリッジ報告」）と題する報告書を提出したことによって具体化された。同報告書には、社会の進歩を阻む「社会の五悪（疾病・無知・不潔・無為・窮乏）」に対応する社会保険を中心とする体系的な社会保障制度の青写真が描かれていた。こうしたイギリスの社会保障政策の体系化はその後の世界の福祉国家づくりに先鞭をつけたものとなり、第二次世界大戦後、世界に広まった。

　現代の福祉国家のあり方は一様ではなく国によってさまざまであるが、「福祉・社会保障は、安定した雇用関係と家族関係が様々な社会的リスクを吸収することを前提にして、それを補完する形で政府が所得保障政策を中心に個人や家族に対応する」という基本構造は同じである[1]。1980年代後半からは、エスピン–アンデルセン（Esping-Andersen, G.）が『福祉資本主義の三つの世界』において福祉国家の３つの類型〔①自由主義レジーム（代表国：アメリカ・カナダ・オーストラリア）、保守主義レジーム（代表国：オーストリア・フランス・ドイツ・イタリア）、社会民主主義レジーム（代表国：スウェーデン・ノルウェー・デンマーク）〕について著し、それぞれに該当する国で取り組まれている特徴や管理体制を整理した。この類型論は、その後の福祉国

家研究に大きな影響を与えた。

(2) 福祉国家の危機

　しかし実際は、1970年代中葉から先進諸国を中心に福祉国家をもっぱら経済的マイナス要因として論ずる風潮が広まり、この時代以降明らかに各国で社会保障支出を抑制する傾向が強まっていった。これ以降「福祉国家の危機」と呼ばれる。経済成長を梃子にして推進されてきた福祉国家の構築は大きな財政負担を強いるものになっており、1973年の石油危機を契機とする経済の減速により、福祉国家体制の見直しが迫られていた。石油危機以外にも福祉国家の危機をもたらしている要因はいくつか考えられる。例として、市場原理主義の台頭や経済のグローバル化による福祉国家の国際競争力の低下、脱工業化や経済のサービス化にともなう労働の柔軟化・多様化[2]による労働者階級の団結と確保困難、世帯構造の変化（男性稼得者世帯の減少、片親世帯や単身者世帯・高齢者世帯の増加）、女性の労働市場参加の上昇、さらに進展する少子高齢化の影響が大きいことが社会的な福祉需要の多様化を招き、伝統的福祉国家の提供する画一的集権的な社会プログラムとしての福祉供給では対応できなくなると考えられている[2]。

２．福祉社会の構築

(1) 福祉国家から福祉社会へ

　福祉国家の危機が喧伝されるなか、広井（2005）は「今求められているのは、社会保障（福祉）と環境の領域を統合した、いわば『持続可能な福祉国家／福祉社会』ともいうべき包括的な社会モデルの構想の作業に他ならない」と述べている[3]。また、これからの日本社会の姿は「定常型社会＝ゼロ成長社会」であるとし、市場経済において展開するような需要＝貨幣によって測られるような需要＝そのものが成熟ないし飽和状態に達しつつあると述べ、少子高齢化により人口減少社会に突入するなかで社会保障に関する新しい方向を提唱している。その主なものとして労働時間の短縮やワークシェアリングによる「時間の再分配」をあげている[3]。また、人間の消費は、「物

質の消費 → エネルギーの消費 → 情報の消費 → 時間の消費」という方向に向かいつつあるとし、新しい経済社会システムの中で持続可能な福祉社会を目指すべきとしている。

　一方、福祉社会を開発する手法として、地域共生社会の実現を図る取り組みも進められている。2018 年 4 月 1 日の社会福祉法改正によれば、地域力の強化、市町村自治体による包括的支援の体制整備、地域福祉計画の守備範囲の拡充といった内容が含まれている。地域力の強化には、「地域の福祉力の強化」をはじめ「地域づくり」への取り組みが包含され、「福祉社会開発」はその点を視野に入れた概念であり、地域・集落が持つ諸機能を含む福祉社会という容器を開発する方法として提示されてきた[4]。

(2) 日本型福祉社会の開発
　日本的な福祉社会の開発については、第二次世界大戦後の GHQ（General Headquarters：連合国軍最高司令官総司令部）による社会福祉概念の導入による歴史的な展開を確認する必要がある。安立（1999）[5]によれば、日本にはもともと社会福祉という概念はなく、それまで日本政府が社会事業や社会政策として実施してきたものは、明治期は慈恵的・恩恵的な慈善事業であり、大正期は治安対策であり、貧困や社会問題への対応を主眼とした社会政策であった。GHQ により社会福祉の導入が進められたが、アメリカの意図するところからは変化し、結果的に日本的な社会福祉の構築につながった。主なものとして社会福祉協議会の存在があげられる。アメリカでは住民主体の組織として構築されたが、日本では戦後の人材不足等により結果的に行政主導の地域名望家層の無償行為に頼ることとなった。現在は、国主導ではあるが地方分権を進め脱集権化の方向性にあり、今後は地域社会の実態と市民のニーズを踏まえた社会福祉協議会として展開することで、活動内容の充実と効果的な取り組みを実現すべきとしている。福祉国家の限界を見据えた福祉社会の構築には、「地域」を基盤として市民の実態と生活ニーズに密着した活動が求められている。

日本の社会保障の体系

1. 社会保険制度

　社会保険とは、生活上の困難をもたらす一定の事由（保険事故）に対して、被保険者があらかじめ保険料を拠出し、保険事故が生じた場合に保険者が定められた給付を行う公的な仕組みである。生活困窮の原因となるような生活上のリスクに対して貧困状態に陥るのを防ぐこと（防貧）を目的に、保険技術を用いて対応する制度である。この点、給付の条件として保険料の拠出を条件とせず、また給付内容もその貧困状態の個別的事情に基づき個々に決定される公的扶助（後述）とは決定的に異なる性質を持つ。一般に社会保険が公的扶助よりも権利性が明確であるといわれる所以でもある。保険事故の対象となるリスクとは、一般的なライフサイクルの中で所得の中断や喪失、出費の増大を招くことになる疾病、出産、失業、老齢、障がい、死亡などである。

　社会保険の歴史は、1883年にドイツのビスマルクにより導入された疾病保険に始まる。日本では1922年に最初の社会保険として健康保険法が制定された。現在は、医療保険、年金保険、労働災害補償保険、雇用保険、介護保険の5つが機能し、医療保険と年金保険に関しては1961（昭和36）年にすべての国民が加入する仕組みである国民皆保険・皆年金体制がとられている。

2. 公的扶助

　公的扶助制度は、国民の健康と生活を最終的に保障する制度として機能しており、その特徴として貧困・低所得者を対象としていること、最低生活の保障を行うこと、公的責任で行うこと、租税を財源としていること、貧困や

低所得状態になったあとに救済する事後的な救貧対策であることがあげられる。貧困者対策には資力調査を要件とし、低所得者対策には所得調査（所得制限）があるが、そのために受給者にスティグマ（恥辱感）を与え受給が制限されるなどの影響が指摘されている。

(1) 生活保護制度

貧困者対策には生存権を実現する生活保護制度がある。生活に困窮しているすべての国民に対して、生存権（憲法第 25 条）の規定する健康で文化的な最低限度の生活を保障する制度である。

① 生活保護制度の基本原理

生活保護法は第 1 条から第 4 条まで「基本原理」と呼ばれる生活保護法の理念を整理している。第 1 条では、生活に困窮する国民の保護を、国がその直接の責任において実施すべきであること、また保護するのみでなく自立助長をはかることを目的としている。第 2 条では保護するにあたり法律の定める要件を満たせば無差別平等に受けることができることを規定している。第 3 条ではこの制度で保障する最低生活の水準を規定している。生活保護制度で保障する最低生活とは、憲法第 25 条に規定する生存権の保障である。第 4 条では、保護を受けるために必要な要件と、資産、能力その他あらゆるものを活用すること、民法上、扶養義務者の扶養を優先させること、加えて生活保護法以外の法律による給付を受け、それでも不足する場合には受給する保護の補足性の原理が規定されている。

② 生活保護制度の基本原則

第 7 条から第 10 条を「保護の原則」としており、主に生活保護を実施する場合の行政行為の指針を示している。第 7 条は「申請保護の原則」であり、保護は要保護者の申請に基づいて開始することが示されている。これは生活保護法が国民の保護請求権を認めたうえで、その権利を行使する主体の意思表示を明確にさせる意義を有している。また、要保護者が急迫した状況にあるときは、保護の申請がなくても必要な保護（職権保護）を行うことができる。第 8 条は「基準及び程度の原則」で、最低限度の生活に不足する部分を補う程度を給付するものとしている。第 9 条は「必要即応の原則」で個々の

要保護者の実状に合わせて有効適切に行われなければならないとしている。第10条の「世帯単位の原則」は、生活の消費単位を世帯と定めており、保護の要否、程度について判断する。

③ 生活保護制度の保護の種類

生活保護法で定める保護の種類は、(a)生活扶助、(b)住宅扶助、(c)教育扶助、(d)介護扶助、(e)医療扶助、(f)出産扶助、(g)生業扶助、(h)葬祭扶助の8種類である。給付は金銭給付と現物給付を行っている。

(2) 低所得者対策

低所得者対策には、主として社会手当制度、生活福祉資金貸付制度、公営住宅制度、生活困窮者自立支援制度がある。社会手当制度は、社会保険と生活保護の中間的性格を持つ、無拠出の現金給付である。児童手当、児童扶養手当、特別児童扶養手当などがある。生活福祉資金貸付制度は、低所得者や障がい者、高齢者、失業者世帯などを対象として、無利子もしくは低利子で生活資金を貸し付ける制度である。公営住宅制度は、低所得者を対象に住宅を提供することを目的としており、母子世帯や高齢者、障がい者などを対象とした住宅がある。生活困窮者自立支援制度の具体的なものとして、相談、住居の確保支援、就労支援、生活や家計、学習支援などがある。

貧困者と低所得者を対象とする公的扶助制度のセーフティネットとしての機能はどの程度なのだろうか。日本の公的扶助支出の割合と、社会保険給付の範囲を測る指標のひとつである統合脱商品化度（エスピン-アンデルセンEsping-Andersen）の関係を見てみることにする。統合脱商品化度は、生活上のリスクが生じたときに労働市場に出ていかなくてもすむ程度を示している。度合いが高ければ、社会保険給付の給付水準が高く防貧対策が充実していることになり、未然に貧困が防がれているのであれば、結果的に貧困状態になる人が少なくなることになる。日本の現状の特徴をあげると、公的扶助の割合（受給人口が総人口に占める割合や公的扶助支出がGDPに占める割合）は国際的にみて低い位置にある。また、補足率の低さは以前より指摘されている。公的扶助の受給要件を満たしていながら受給している人が少ないのである[6]。

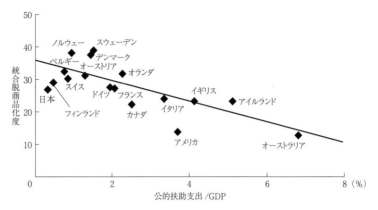

図 6-1　各国の公的扶助支出の割合と「統合脱商品化度」

(埋橋, 2013, p.11)

　適切な受給を促し、貧困に陥ることを事前事後で防ぐマネジメントが求められていることがうかがえる。

3．社会福祉

　社会福祉とは、抽象的にはすべての人々が人生の諸段階を通じ幸せな生活を送ることができるようにする社会的施策を意味する[7]。

　社会福祉の制度は、障がい者、保護を要する児童、要援護の高齢者など社会的な援護を要する者が自立した生活を送ることができるよう、生活面でのさまざまな支援を行う制度である。社会福祉という用語が意味するところは非常に範囲が広く意味も深く多岐にわたるが、個人が生活を営むうえで生じる生活上の困難や障がいを解決・緩和するための、政策的・集団的・個人的な援助を相対的に表現しているといえる。

　従来は、社会福祉の対象は前述したような者を対象とした限定的なものであった。しかし近年、社会福祉の制度は多様化し、対象となる範囲も拡大の傾向にある。かつて一部の障がいを持つ人や高齢の人を対象としていた社会福祉から、介護予防や生活に不安を覚える一般の人も対象とする普遍的なものに変化してきたといえる。またその制度のあり方も、戦後長らくいわゆる

措置制度として行政が職権により独占的にサービス提供主体であり、財源は租税と利用者の負担能力に応じた負担（応能負担）だったが、1990年代の社会福祉基礎構造改革によって応益負担が導入されるなど、大きな転換時期であるといえる。

　本節では、わが国の社会福祉の歴史をマネジメントの視点から概観を試みることとする。

前史〜社会福祉制度の整備時代（明治7年恤救規則〜昭和4年救護法）

　慈善事業の時代から続く貧困者の救済を目的としながらも、失業による貧困者は対象としないなど、その対象と内容（マネジメント）は限定的なものであった。

戦後福祉改革時代（昭和20年代）

　第二次世界大戦後の日本にあっては深刻化した貧困問題に対応することが急務であった.

　その後の法律制定などにも大きな影響を及ぼしたのはGHQの（いうなればマネジメントによる）「国の責任で無差別平等に保護しなければならない」とした覚書だった。その後の日本国憲法制定をはじめとする福祉三法（生活保護法・児童福祉法・身体障害者福祉法（当時））制定により戦後の福祉改革は推し進められた。

福祉六法体制の確立（昭和30年代）

　昭和35（1960）年18歳以上の知的障がい者への援護を行う精神薄弱者福祉法（平成10（1998）年に知的障害者福祉法に改称）、昭和38（1963）年には老人福祉法、さらに昭和39（1964）年には母子福祉法（その後改称）が制定され、前述の福祉三法と合わせて福祉六法と呼ばれる。福祉におけるマネジメントの範囲が拡大され、この時期の社会福祉の基本となる骨格が形作られた。高度経済成長も重なり、支援の対象が拡大していった。

社会福祉制度の転換期（低成長時代と社会保障制度の改革：昭和50〜60年代）

　昭和48（1973）年の石油危機による影響は国民生活を直撃し、低所得層が最大の被害を受けた。このため生活保護費や社会福祉施設の運営費を増額し、厚生年金や国民年金も物価スライド制度により増額して対応した。この後、

日本は経済において低成長時代を迎えることとなり、それまでとは違う社会福祉供給の抑制というかじ取り（マネジメント）を求められることとなった。

高齢者介護体制の整備と地方分権（〜平成初期）

わが国の少子高齢化は他国に類を見ないスピードで進み、諸制度の整備が追いつかない状況にあるが、当時高齢者に対するサービスとして老人福祉法に規定された老人家庭奉仕員派遣事業は、特別養護老人ホームなどの介護施設を補完する程度でしかなかった。しかし、今後増大する高齢者の介護問題に対応するには限界があり、それまでの施設福祉中心の施策から在宅福祉中心の施策（マネジメント）になってきた（社会福祉のパラダイムの転換とも呼ばれる）。

社会福祉の契約化時代（〜平成10（1998）年代前半）

社会福祉サービスの提供システムは、1990年代の社会福祉基礎構造改革によって、国の機関委任事務による措置委託制度から、利用者とサービス提供者との対等な契約制度へと大きく転換した。この流れは高齢者領域の介護保険制度から始まり、続いて障がい者領域の支援費制度へとつながった。国の責任によるマネジメントから、サービスの利用者や提供者側のマネジメントに転換したことになる。現実的にはサービスの利用者側がマネジメントすることは困難であり、専門職側に中立的にマネジメントを行う職種を新設・設定する等により利用者側の意向を最大限に尊重する利用者主体の原則を設定した。

これまでみてきたように、社会福祉の施策は変遷を重ねてきた。財源に関する課題も大きくなり社会福祉提供の視点も対象も変化するなかで、利用者の生活の質の向上を目指すという原点を見失わずに、それぞれの領域や専門性を活かしてマネジメントすることが、今後も求められるのであろう。

4. 公衆衛生および医療

公衆衛生とは、「社会の組織的な努力によって、疾病を予防し、寿命を延長し、身体的・精神的健康をはかる科学、技術である」（『現代社会福祉辞

典』）とされている。具体的には、直接地域住民などに働きかける疾病予防や保健指導などと、上下水道・ごみ処理など生活環境を整備することで地域住民の健康の維持向上を図るものに大別される。

(1) 日本の衛生行政のあゆみ

　わが国の衛生行政のあゆみを概観すると、明治5（1872）年、文部省に医務課が設置されたことに始まる。その後昭和12（1937）年に(旧)保健所法が制定され、同13年に厚生省が設置され、行政組織の体制がつくられた。昭和22（1947）年に新しい保健所法が制定されると、保健所が健康相談、保健指導のほか、医事、薬事、食品衛生、環境衛生などに関する行政機能を併せ持ち、公衆衛生の第一線機関として飛躍的に拡充強化されるなど、国、都道府県を通じて、衛生行政組織と制度の改革強化が図られた[8]。その後、感染症対策が効果を上げるなど国民生活の衛生状態が改善する一方で人口の少子高齢化や生活習慣病、新しい疾患（感染症）などの発生に加え住民のニーズの多様化など保健衛生行政をめぐる環境が著しく変化し、保健サービスの受け手である生活者個人の視点も重要視されるようになった。このため、平成6（1994）年に保健所法が改正され、名称も地域保健法と改められた。都道府県と市町村の役割分担を見直すなど衛生行政も地域単位のマネジメントによる新たな体系の構築が図られている[8]。

(2) 保健医療分野における国際協力

　わが国の保健医療分野における国際協力の推進・強化を図るため、旧厚生省において平成元（1989）年に国際課に国際協力室が設置された。現在は、ほかに国立研究開発法人国立国際医療研究センターが厚生労働省において保健医療の国際協力の中心的な役割を担うようになっている。グローバル社会の到来とともに、国内の保健医療体制だけでは感染症対策や医療分野の進展も十分に図れなくなっている現状もあり、国際的な保健医療マネジメントの拡充強化は急務となっている。

(3) 日本と世界保健機関（WHO：World Health Organization）

　世界保健機関（WHO）は、第二次世界大戦末期の昭和20（1945）年6月、国際連合を組織するためのサンフランシスコ会議において保健衛生に関する専門機関の構想が提案され、翌昭和21（1946）年にロンドンで開催された第1回国際連合経済社会理事会で世界保健機関（WHO）の設置が決定され1948年に設立された。日本は昭和26（1951）年の第4回世界保健総会において第75番目の加盟国として正式に加盟が認められた（国会承認は同年10月）。現在は、WHOの活動を支援するとともに、分担金支払いという財政上の義務や職員協力、技術上の協力、専門家の派遣や研修生の受け入れを行うほか、国内のWHO研究協力センターを介して協力を行っている。

(4) 医　療

　医療は、医学に基づき傷病者等を治療するサービスであり、医師・看護師・薬剤師などの医療従事者によって提供される。医療制度は、良質な医療サービスが提供されるための制度であり医療法に基づき医療機関の設置や病床数など供給主体の規制基準の設定、適正配置などを行う。日本ではもとより医療従事者の不足が指摘されてきたが、近年では都市部に医療機関や開業医が集中する一方で、医師や看護師不足等により離島や農村・山間部などの地方に医療機関が存在しない地域が増加し、医療提供体制の整備が課題となっている。このような状況の中、平成24（2012）年に閣議決定された社会保障・税一体改革大綱において医療についての方向性が示された。その中の柱としては、病院および有床診療所が、病床の担っている医療機能の今後の方向を選択し、病棟単位で都道府県に報告する制度がある（病床機能報告制度）。都道府県知事は、この報告を受け、医療計画の一部として将来の医療提供体制に関する構想を策定する（地域医療構想）。そして、同構想の達成に向けた病床の機能の分化および連携の推進に関する事項等を定めることになっている[8]。

第3節

政策におけるマネジメントと評価

　日本における政策評価は、平成9（1997）年12月の行政改革会議最終報告において、中央省庁改革の重要な柱として位置づけられたことから本格導入が始まったといってよい。その後平成13（2001）年1月の中央省庁等改革にともない、政策評価制度が全府省に導入されるとともに、14年4月からは「行政機関が行う政策の評価に関する法律」（以下「政策評価法」という）が施行され、各府省において、政策評価の適切な実施に取り組んでいる。政策評価の内容は、各行政機関が所掌する政策について、適時に政策効果を把握し、これを基礎として、必要性、効率性または有効性の観点から自ら評価を行うものであり、政策の企画立案や政策に基づく活動を的確に行うための重要な情報を提供するものとしている。

　政策評価の枠組みとして、「PDCA による政策マネジメントサイクル」を導入した。新たな政策の企画立案（Plan）−実施（Do）−評価（Check）−見直し・改善（Action）を主要な要素として政策のマネジメントサイクルの中に明確に組み込み、政策の質の向上や職員の意識改革に役立てるべく取り組んでいる。

　厚生労働省の取り組みを確認してみよう。厚生労働省では、以下に掲げる事項を目的として、厚生労働行政全般を対象とした政策評価を実施している。

⑴ 行政の透明性及び行政に対する国民の信頼性を高めるため、国民に対する行政の説明責任（アカウンタビリティ）を徹底すること。

⑵ 行政活動の範囲について、行政が関与する必要性がある分野に重点化を図り、行政サービス等を必要最小限の費用で国民へ提供するため、国民本位の効率的で質の高い行政を実現すること。

⑶ 経済社会の発展や国民生活の向上等国民的視点に立った成果（アウトカム）重視の行政への転換を図ること。

⑷ 厚生労働行政の使命に照らし、省内の各部局等が一層連携し、総合的・戦略的政策展開を推進すること。

　厚生労働省では、平成14年4月から5年ごとに政策評価の基本事項を定めており、事後評価についての実施計画も毎年度策定し、各評価に取り組んでいる。政策評価の種類としては以下のとおりである。

① 実績評価〈施策単位〉
　政策体系に定められた施策ごとに、設定した目標の達成状況や有効性などを評価する。
② モニタリング結果報告〈施策単位〉
　政策体系に定められた施策で、実績評価をしないものについては直近の数字を活用。
③ 総合評価〈テーマごと〉
　制度の改変や中・長期計画の終了時などに、特定のテーマについての問題や、政策効果などを審議会等の外部有識者の意見を活用し、評価する。
④ 事業評価（事前）〈事業単位〉
　一定規模以上の予算措置を必要とする事業を新たに設ける場合に、あらかじめその事業の必要性・有効性・効率性などを評価する。
⑤ 事業評価（事後）〈事業単位〉
　事業評価（事前）を行った事業について、一定期間経過後にその事業の有効性や事業を継続する必要性などを評価する。
⑥ 公共事業評価（事前・事後）〈事業単位〉
　主に水道事業で10億円以上の費用を要するものの実施前後に評価している。
⑦ 研究開発評価（事前・事後）〈事業単位〉
　厚生労働科学研究費補助金による研究開発の実施前後に評価を実施している。

　これらの評価を行い、評価結果がその後政策にどのように反映されているかも公表している。その結果を「政策評価に関する有識者会議」にはかり、

意見等を聴くことにしている。

　以上、厚生労働省の政策評価の現状を確認した。結果的に、評価のために政策におけるマネジメントが導入され、政策の立案過程から実施・評価への道筋がわかりやすく立つことになった。しかし、連綿と続いていたわが国の政治行政システムにおいて、政策評価システムが導入されたのは近年であったこともまた事実であり、行政機構内部で実施されていることからその効果に限界が論じられてもいる。今後は、第三者からなる政策評価に関する有識者会議の位置づけをより明確に影響を持つものにすることで、評価からではなく、政策立案以前からのPDCAによる政策マネジメントサイクルを活用し、その効果を働かせることが重要であろう。

　現在、マネジメントという言葉は社会のあらゆる機関で用いられている。組織があり、組織の目的や成果を考えたときに、マネジメントの機能が求められる。公共政策をみるとき、政策という大きな枠組みではあるが、政策におけるマネジメントと政策評価を有効に機能させることが、今求められている。

引用文献

1）佐川英美 福祉国家論考 新しい福祉ガバナンスの前提認識と方向性，東京基督教大学紀要，25（3），110-131，2015.

2）石原俊時 福祉国家の現在と未来「講座・福祉国家のゆくえ」をめぐって，歴史と経済，193(10)，46-54，2006.

3）広井良典「持続可能な福祉社会」の構想 定常型社会における社会保障とは，会計検査研究，32（9），169-180，2005.

4）平野隆之 福祉社会の開発・政策研究 地域共生の開発福祉，日本福祉大学福祉政策評価センター・アジア福祉社会開発研究センター，Vol.8（3），2018.

5）安立清史 福祉社会の行方 福祉の社会学的考察，満田久義他（編著）『社会学への誘い』朝日新聞社，1999.

6）埋橋孝文 日本の公的扶助制度とセーフティネット 国際比較からみた特徴，2019.

7）一般財団法人厚生労働統計協会　国民の福祉と介護の動向，65⑽, 2018/2019,
　　2018.

8）一般財団法人厚生労働統計協会　国民衛生の動向，65⑼, 2018/2019, 2018.

参考文献

池田裕　福祉国家に対する態度の比較研究，京都大学学術情報リポジトリ紅，
　　2019-03-25.

新川敏光　グローバル化の中の福祉国家，季刊家計経済研究，2003SUMMER
　　No.59, 12-20.

塩野谷祐一他（編）福祉の公共哲学，東京大学出版会，2004.

第7章

事例に対する相談援助の展開

第1節

実母からの虐待経験者に対する
アフターケアの相談援助

主訴（児童養護施設入所時）

　Yの母親には精神疾患があり、本人に付き添って登校し、教室前の廊下で監視したりトイレに同行したりして学習を妨害することもあった。自宅でも「学校の教材は不潔だ」と言って勉強をさせない、布団たたきで叩く、外出できないようにビニールひもで縛るなど身体的虐待もあった。本人が「これ以上耐えられない」と学校に相談して児童相談所とつながり一時保護された。母親はYを施設に入れることに同意しなかったため、家庭裁判所が児童相談所の申し立てを承認し児童養護施設の入所（児童福祉法第28条）となった。

家族の状況

　Yの母親は地方都市の生まれで三人姉妹の長女である。祖父は市の事務職員をしていた。祖母は10年前に死亡している。短期大学で保育士の資格を取り公立の保育所に勤めたが職場の同僚との関係がうまくいかず退職している。1年後、知人の紹介で知り合ったS氏と結婚。翌年長女（Y）を出産。夫婦関係がうまくいかず父親とはYが1歳のときに別居し、8歳のとき協議離婚している。同居はしていないが母子のことについては祖父がなにかと面倒をみている。Yは施設入所後も祖父とは児童相談所を通して連絡を取っている。

本人の様子

　児童養護施設A学園に入所後Yは、実母からの虐待、過干渉などの影響か、社会生活上の経験不足があり、対人関係にぎこちなさがある。本人には、母親のようになるのではないかという心配があり、精神的な面でなんらかのケアが必要と思われる。クリニックでの受診を行ったが、本人に拒否感があるため中断中である。中学を卒業し公立高校に入学。吹奏楽部に入り部活動

にも熱心に参加していた。高校3年生時に週末の朝はコンビニエンスストアでアルバイトをして自立に向けて貯金をしていた。学校の求人で見つけた食品関係会社に事務員として就職が決まったが、精神的な不安を抱えているため児童相談所との協議のうえ継続して関わってもらうことにした。支援計画については家庭支援専門相談員（ファミリーソーシャルワーカー）が担当保育士とともに作成している。

アフターケア計画

アフターケア計画は、施設入所中における自立支援計画と同様、退所後の援助計画のことで、それに沿って支援が行われる。ケースマネジメントのプロセスに従い、アセスメント、計画、介入、実施、モニタリング、評価というプロセスを経ることによって援助内容の確認を行い、一般化し、併せて入所児童のケアへフィードバックしなければならない。

援助計画における援助目標の視点は、①本人等の意向、②援助方法・期間、③活用資源・経費、④他機関との連携、⑤課題および問題点（見直しと評価）である。

(1) 入所中の支援

入所中には、退所の前に行うこととして、本人の意向を確認したうえでの計画の策定をした。計画策定にあたっては、児童相談所をはじめ関係諸機関と事前に協議し、協力体制を整え、活用可能な社会資源や制度と対象者を結びつけることを趣旨とした。具体的には、①敷地内の自立訓練棟において3か月前より訓練（時間の管理・金銭管理・掃除洗濯・調理など）を開始した。②社会人になるためのスキルや心構えを習得するためのNPO法人主催のワークショップの参加。③担当職員は、ハローワーク、アパートの契約、銀行口座の開設、住民票の異動手続きなど、諸手続きに付き添った。④母親が現れたときの対応に備え、児童相談所が仲介となって弁護士を紹介してもらっている。⑤自治体の助成を申請し、年明けには週末や放課後を使い教習所に通い運転免許を取得した。生活に必要な家電などは就職支度金を活用した。

(2) 退所後の支援

退所後は、施設入所中における自立支援計画と同様、アフターケア計画に沿って支援が行われる。

援助計画における援助目標の視点は、①本人等の意向、②援助方法・期間、③活用資源・経費、④他機関との連携、⑤課題および問題点（見直しと評価）である。

　また、具体的な支援の内容は、本人の意向聴取のうえ、①ソーシャルスキルの獲得として、町内のごみ出し、公共料金・家賃の支払いなどそのつど職員が教えた。②金銭管理は、基本的には預金通帳を預かり月の予算立てを本人が行い、職員がアドバイスする。③日々の相談相手として、特に職場での人間関係でYが悩んでおり職員がアドバイスする。④家族調整（祖父との連絡）については児童相談所を介して半年に1度ほど祖父に会っている。⑤関わりの評価を施設長、担当職員、家庭支援専門相談員（FSW）、心理療法担当職員等関係者で全般的に評価し、見直しを行っている。今後は、短期（おおむね1年以内）・中期（おおむね2～3年）・長期（おおむね4～5年）的視点での支援計画を立て、支援計画の策定を行い、定期的にYとふりかえりをする。

　事例は『実践から学ぶ社会的養護の内容』保育出版社、第12章「アフターケア」第1節「退所を控えて行うこと」、第2節「アフターケア計画」、第3節「アフターケアの実際」（佐久間担当）の事例を参考に再構築したもの。

相談援助演習

氏名	Yさん	性別	女性	年齢	18歳

相談の経緯
　児童養護施設の退所にあたっては家庭復帰は望めず、一人暮らしでの自立生活となる。施設の家庭支援専門相談員（ファミリーソーシャルワーカー）を中心として児童相談所や弁護士等とも連携を図りながらの支援となる。

主訴
　自立に向けた支援のネットワーク体制の構築

潜在的課題
　母親の存在（いつ本人の前に現れるか恐怖）、ソーシャルスキルが十分身についていない。

家族の状況

氏名	続柄	性別	年齢	備考
Yさん	本人	女	18歳	
○○ ○○	母親	女	45歳	
S氏	父親	男	46歳	再婚
○○ ○○	祖父	男	73歳	

エコマップ

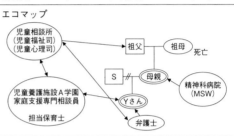

本人とその周辺に関する情報
(1) 身体面
　特に問題なし。
(2) 精神面
　母親が精神疾患があるため自分もいつ母親のようになるか不安を抱えている。
(3) 経済面
　アルバイト等で50万円ほどの貯金はあるが、アパートを借りる資金などで減ってしまう。
(4) 環境面
　祖父とは児童相談所を通して連絡は取れているが、高齢で一人暮らしであるため本人の面倒は見ることができない。父親も再婚して子どももいるため関われない。

生活歴・家族歴
　本児1歳時に両親が別居し、8歳時に協議離婚をしており、児童養護施設入所までは母子で生活していた。

支援計画

関係する社会資源
・児童相談所は原則18歳までの関わりであるが、特例として20歳まで関わることとしている。
・児童養護施設のスタッフとは関係がよく、退所後も関わりが持てる体制である。
・学校のクラスメイト・部活動の部員たちとの関係は良好であり、インフォーマルな社会資源として活用する。
・母親が現れたときの対応として弁護士に関わってもらう。

ストレングス
・施設職員とは関係がよく、悩みなどは相談しやすい。
・ソーシャルスキルが身についていないという自覚があり、施設の行事などには積極的に参加している。
・高校では吹奏楽部に所属しており、副部長として部をまとめようと努力している。

支援の方向性
　児童養護施設の退所にあたっては家庭復帰は望めず、一人暮らしでの自立生活となる。祖父は高齢であり年金生活であるためサポートは望めない。児童養護施設の家庭支援専門相談員（ファミリーソーシャルワーカー）を中心として児童相談所や弁護士等とも連携を図りながらの支援となる。

	支援目標	支援計画
短期目標	自立に向けた支援	①敷地内の自立訓練棟において3か月前より訓練（時間の管理・金銭管理・掃除洗濯・調理など）を開始する。 ②社会人になるためのスキルや心構えを習得するためのNPO法人主催のワークショップの参加。 ③担当職員は、ハローワーク、アパートの契約、銀行口座の開設、住民票の異動手続きなど、諸手続きに付き添う。 ④母親が現れたときの対応に備え、児童相談所が仲介となって弁護士を紹介してもらっている。 ⑤児童養護施設の子どもを対象とした助成を申請し、年明けには週末や放課後を使い教習所に通い運転免許を取得する。生活に必要な家電などは就職支度金を活用する。
長期目標	退所後の支援	①ソーシャルスキルの獲得として、町内のごみ出し、公共料金・家賃の支払いなどそのつど職員が教える。 ②金銭管理は、基本的には預金通帳を預かり月の予算立てを本人が行い、職員がアドバイスする。 ③日々の相談相手、職場での人間関係等職員がアドバイスする。 ④家族調整（祖父との連絡）については児童相談所を介して半年に1度ほど祖父に会う。 ⑤関わりの評価を施設長、担当職員、家庭支援専門相談員、心理療法担当職員等関係者で全般的に評価し、見直しを行う。
緊急対策		母親が本人の前に現れたときに備え、弁護士を紹介しており、すぐに連絡するようYに伝えている。

第2節

要介護高齢者の在宅介護に疲弊する
家族への相談援助

　Ａさん（58歳・女性）は、Ｘ県Ｙ町で、長男（40歳）、義父（86歳）、義母（84歳）と４人で暮らしている。夫（59歳）はＺ県に単身赴任をしている。

　Ａさんは10時から16時まで近所にある総合病院Ｃの院内掃除のパート勤めをしている。長男は変則勤務のある工場の仕事に就いている。義父は要介護認定４を受けており、パーキンソン病と脳梗塞後遺症のためほとんどベッドで過ごしている。週に１度、Ｂ特別養護老人ホームのデイサービスに通っているが、「泊まりにいくのはいやだ」と言うので、義父の思いを尊重したいと考えてショートステイは利用していない。

　Ａさんは、出勤前に、昼食を準備して出かけ、義母が、義父に食事を食べさせてやっていた。義父はおむつを使用しているが、Ａさんが出かける前に換えて、帰宅するまではそのままにしていた。

　ところが、最近、義母は、義父への食事を忘れたり、買い物に出かけたまま迷子になるなどの症状が出てきた。Ａさんは勤め先の総合病院Ｃの精神科に義母を連れて行った。受診すると、アルツハイマー型認知症の診断を受けた。小柄な義母が大柄な義父の身体を起こしたりすることも負担となってきたようだった。Ａさんは義父の担当ケアマネジャーが所属するＢ特別養護老人ホームの居宅支援事業所を通じて、義母の要介護認定の申請を行った。要支援１の認定を受けた義母は、週に１度、義父と一緒にＢ特別養護老人ホームのデイサービスに通うようになった。

　そんな折、１か月ほど前から、デイサービスの施設職員から義父と義母の身体に不自然な皮下出血が見られたと報告されるようになった。長男が義父や義母に暴言を言う場面をたびたび目にしていたＡさんが長男を問いただすと、「こんな年寄りのせいで家族はいい迷惑だ」と顔をしかめた。長男はＡさんより早く帰宅することがあり、そんなときは、義父のおむつを換え

てくれることもあった。しかし最近は、職場の人間関係でいらいらしている
ようだった。

　夫婦関係は悪くないが、夫は5年前より遠方に単身赴任しているため、電
話ではたびたび相談しているものの頼りにならない。Aさんはどうしたら
よいのかわからなくなり、抑うつ状態になってしまった。Aさんは、22歳
のときに同じ会社で働いていた夫と知り合って結婚した。以来、義父母と同
居しており、夫婦共働きだったために長男の育児や家事で義父母に世話にな
ったことに感謝しており、夫が定年になるまではこれまでどおり義父母の在
宅介護を続けたいと思っている。しかし、経済的な余裕はなく、パート勤め
を辞めることはできないと思っている。義父母にはそれぞれ月5万円ほどの
年金が入る。

　Aさんの近所に妹一家が住んでおり、Aさんが唯一相談できる相手だが、
妹は日中仕事をしている。しかし、できることは手伝うと言ってくれている。
義父は病気になる前、町内会の役員をしていたので信頼されており、今もた
びたび顔を見に来る友だちがいる。彼らは、義母がいなくなったときも一緒
に捜索してくれた。

　夫の両親の介護や、長男の義父母への虐待の発覚、そしてパート勤めがあ
るAさんは徐々に心身の疲労が蓄積してきたところに、持病の喘息発作を
たびたび繰り返すようになった。父親のケアマネジャーに勧められて、A
さんはE町の地域包括支援センターに相談に行った。

相談援助演習

氏名	Aさん	性別	女性	年齢	58歳

相談の経緯
　夫の両親の介護や、長男の義父母への暴力、そしてパート勤めがあるAさんは徐々に心身の疲労が蓄積してきたところに、持病の喘息発作をたびたび繰り返すようになった。義父のケアマネジャーに勧められて、AさんはE町の地域包括支援センターに相談に行った。

主訴
　義父母は介護が必要な状態だが、夫の定年までは在宅介護を継続したいと思っている。

潜在的課題
　夫が妻に介護を任せきり　高齢者虐待　介護負担の限界

家族の状況

氏名	続柄	性別	年齢	備考
Aさん	本人	女	58歳	
○○ ○○	夫	男	59歳	単身赴任
○○ ○○	長男	男	40歳	
○○ ○○	義父	男	86歳	要介護4
○○ ○○	義母	女	84歳	要支援1

エコマップ

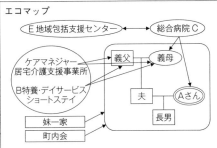

本人とその周辺に関する情報
(1) 身体面
　パーキンソン病と脳梗塞後遺症のためほとんどベッドで過ごしている要介護4の義父の介護と、アルツハイマー型認知症の診断を受けて要支援1の義母の介護、義父母へ暴力をふるう長男の問題で、Aさんは、心身疲労のうえに持病の喘息発作を繰り返すようになった。
(2) 精神面
　精神的にも介護疲れを自覚している。また、義父母に暴力をふるう長男のことを考えると、どうしたらよいのかわからなくなり、抑うつ状態になってしまった。
(3) 経済面
　単身赴任の夫と、パート勤めの収入はあるが、経済的な余裕はない。義父母にはそれぞれ月5万円ほどの年金が入る。
(4) 環境面
　単身赴任をしている夫を含めて一家5人の生活である。Aさんの近所に妹一家が住んでおり、妹はAさんの相談相手で、仕事はあるができることはなんでも手伝うと言ってくれている。義父は病気になる前、町内会の役員をしていたので信頼されており、義母がいなくなったときも町内会の友だちが一緒に捜索してくれた。

生活歴・家族歴
　Aさんは、22歳のときに同じ会社で働いていた夫と知り合って結婚した。以来、義父母と同居している。夫婦共働きだったために、義父母が長男の育児や家事を担ってくれた。Aさんは義父母に大変感謝している。そのため、Aさんは、夫の定年までは、在宅介護をしたいと考えている。

支援計画

関係する社会資源
フォーマルな資源としては、B特別養護老人ホームの居宅介護支援事業所、その所属のケアマネジャー、デイサービス、ショートステイなど。また、E地域包括支援センターへ支援をお願いしている。インフォーマルな資源としては、近所に住む妹一家や、町内会の援助が受けられる。

ストレングス
義父母との人間関係がよく、Aさんはこれまで育児や家事を担ってくれた義父母に感謝している。 　Aさん夫婦の仲がよい。5年前から単身赴任をしている夫だが、1年後には定年のため自宅に戻ってくる。 　虐待行為をしてしまった長男であるが、それまでは義父の面倒を見てくれることもあった。 　Aさんが勤務している総合病院は自宅の近所にあり、かつ義母の認知症のかかりつけ医であるため相談しやすい。 　妹の支援が可能である。 　町内会の支援も期待できる。

支援の方向性
Aさんの思いを尊重した支援が必要であるが、喘息の治療が優先できるよう気持ちを切り替えてもらう。情緒的サポートや手段的サポートとしてどの程度の妹の支援が必要か一緒に考える。また、義父は要介護4なので、利用できる介護保健サービスがまだあり、デイサービスや訪問介護などを併用できる。 　長男の暴力の緊急度・重症度をアセスメントし、必要に応じて義父母の保護・救済を視野に入れる（緊急避難でB特別養護老人ホームのショートステイの検討）。長男については、虐待を引き起こす要因を考え、周囲の関係者や本人への質問を工夫しながら聞き取りを行う。さらに、虐待に追い込まれている長男の心情を理解しながら、虐待を引き起こす要因を除去できるような相談対応ができることを伝える。 　義母の迷子などの対応には町内会の協力が得られると考えられる。

	支援目標	支援計画
短期目標	Aさんの介護負担の軽減。	・喘息の治療が受けられる。 ・デイサービスや訪問介護の導入。 ・妹の情緒的サポートや手段的サポートが得られる。 ・夫の理解が得られるので、1人で介護を抱え込まないよう一緒に考えてもらう。
	長男の虐待行為がなくなる。義母の迷子時に速やかに発見できる。	・長男の心情を理解し、虐待を引き起こす要因を除去する。 ・町内会の協力を得て、情報共有と連絡網を作成し見守り体制を構築する。
長期目標	Aさんの介護負担がなく、義父母の在宅生活ができる。	・介護保険制度のフォーマルサービスが定期的に受けられる。 ・妹の情緒的サポートや手段的サポートが継続的に行われる。 ・夫による介護の分担ができる。
緊急対策		長男の暴力の緊急度・重症度をアセスメントし、必要に応じて義父母の保護・救済を視野に入れる（緊急避難でB特別養護老人ホームのショートステイの検討）。

第3節

家庭内暴力(経済的虐待)を受けている高齢者と
その家族への相談援助

　Aさん（84歳・男性）はX県Y町で、妻Bさん（79歳）・長男Cさん（49歳）・長女Dさん（47歳）の四人暮らしで自宅生活を行っている。

　Aさんは、中学校を卒業すると、地元の土建会社の勤務や日雇い、農家の作業手伝いなどをしながら生計を立ててきた。定年後も数年日雇い労働者などをしながら仕事を続けてきた。同町内に住むBさんと結婚し、Cさん・Dさんの2人の子どもを授かった。Bさんは、同町内の製造工場に勤務をしていたが、継続した勤務状況ではなかったようである。Cさんは知的障がいがあり、地元の中学校を卒業後、定職には就けずアルバイトにより収入を得ていた。勤務先の勧めもあり、障がい者手帳の申請と年金の受給をしていたが、手帳の交付、年金受給ということで、障がい者としてのレッテルを貼られ差別を受けていたということから、更新時に手続きをせず、現在は手帳も持っておらず年金の受給もない状況であった。Dさんも知的障がいがあり、特別支援学校を卒業した後、たまに母親と同じ職場に勤務もしていたが、現在は引きこもりの状況で外部との接触がないという現状である。

　Aさん宅には、2年ほど前より、地域包括支援センターの職員が定期的に訪問を行いAさんの状況の確認を行っていた。訪問時にBさん、Cさんから、お金がなく困っているという相談がよく寄せられた。1か月の収入と支出の状況を聞き取るが、その詳細はよくわからず、地域包括支援センターで役所の税務課等に照会したところ、税金の滞納や水道料の未納などもあることが判明した。また町内会長や民生委員からは、隣近所にも複数借金をしているという話を聞くということがわかった。

　また、Aさんは金銭管理ができるが、自ら金融機関に行って払い出し等ができないことから、すべて家族に任せっきりで、その家族が、新興宗教へお布施を払っていること、日常的な金銭管理がBさん、Cさん、Dさんと

もにできていないことなどが判明していった。特に6か月ぐらい前にAさんが骨折をし、入院となるがその支払いもできていなくて、病院からは請求書がきているような状況であった。

　Aさんの退院が決まり、自宅に戻るタイミングで介護保険による在宅サービスの利用を地域包括支援センターより提案すると、介護保険料の一部が未納で未納分を納入しないと介護サービスの利用料金全額負担という事態が発生することが判明した。

　その後も、自宅訪問のたびに、Aさん宅の収入と支出についての状況を聞き取るなかで、年金支給月に新興宗教の団体にかなり高額のお布施を納めていること、また、そのお布施についてはAさんの年金から収め、Aさんの年金の残りとBさんの年金でなんとか生活をしている状況が判明した。税金等の滞納については支払わなければいけないという認識がまったく薄く、この時点で、Cさんの就職の問題と金銭管理について、「生活困窮者自立支援事業の自立相談支援事業」を活用することを提案した。当初事業の活用については拒否的であったが、このままでは、Aさんが介護保険のサービスを使えなく、家族の負担が大きいこと、また家計支援について地域包括支援センターにはその専門職がいなくて適切な支援が行えないことから本事業の家計支援の専門職であるファイナンシャルプランナーが適切な支援を行ってくれることなどを説明し、「生活困窮者自立支援事業の自立相談支援事業」を活用することになった。

　Aさんの介護保険未納分について、社会福祉協議会が窓口になっている「生活福祉資金」の緊急小口資金特例貸付を活用し一括で納入し、社会福祉協議会には月々5千円程度の返済を行っていくこと、また「生活福祉資金」の活用と合わせて「福祉サービス利用支援事業」を活用し、Aさんの年金の管理を社会福祉協議会にしていただきながら「生活福祉資金の返済と税金等の滞納分の返済を計画的に進めていくことを提案した。なお、この提案については、Aさんの年金を家族から守り、経済的な虐待の防止を図ること、より多くの関係者とつながりを持つことにより、包括的にAさん家族を支援していこうという趣旨を含ませた（Aさん家族には経済的虐待防止のための福祉サービス利用支援事業の活用とは知らせていない）。

10月の年金支給時に間に合わせるように、「福祉サービス利用支援事業」の利用契約を締結し、社会福祉協議会で預金通帳を預かることになった。合わせて「生活福祉資金」の緊急小口資金の特例貸付により、介護保険サービスが1割負担で利用できるようになり、週1回のデイサービスを利用するようになった。

　このような支援を行っている経過の中で、Cさんが今まで手帳は必要ない、年金は受給しないという考えから、少しずつ手帳の交付と、年金の再申請について理解を示すようになってきたので障がい担当の窓口と連携を図りながら進めていくこととした。また、生活困窮者自立支援事業の相談員や、社会福祉協議会の職員も関わっていることで就職についても前向きに考えるようになり、社協職員の紹介で現在は、民間企業に勤務を始めた。会社の方から運転免許の取得について話があり、以前Cさんは自動車の運転免許も所持していたことから、再度免許の取得に意欲を燃やしている。

　このような支援を行っていくなかで、今までまったく引きこもりの状態で顔を見せることのなかったDさんも家族の話し合いの場に同席するようになった。Dさんは特別支援学校を出ており、自分も手帳や、年金の交付の対象になるのではないかという思いがあり、そのような内容の話をしてくれるようになった。Dさんについても障がい担当の窓口と連携を図っていくこととした。このような状況で現在はAさんの年金を家族がすべて使ってしまうという経済的虐待の状況からは脱することができた。

相談援助演習

氏名	Aさん	性別	男性	年齢	84歳

相談の経緯
　Aさんは、妻、長男、長女と自宅で同居しており、Aさんと妻の2人の年金収入で生活をしている。長男・長女は働いておらず、Aさんの年金を搾取して自分たちの生活費に充てていた。高齢者宅への巡回訪問をしていた保健師に、自分の年金が使えないこと、介護サービスなども利用したいという相談があり、保健師から、地域包括支援センターに連絡があり相談に至った。

主訴　Aさんは、自分の年金を利用して介護サービスを受けたい。

潜在的課題
　Aさんの世帯では、年金収入しかなく日常的に生活費が不足している状況がうかがえる。また、税金・介護保険料に加え各方面に借金をしている様子である。経済的管理が一家でできない状況である。自宅はごみ屋敷のような状況になっており、家の中を片付けるということができない。

家族の状況

氏名	続柄	性別	年齢	備考
Aさん	本人	男	84歳	要介護2
Bさん	妻	女	79歳	
Cさん	長男	男	49歳	知的障がい
Dさん	長女	女	47歳	知的障がい

エコマップ

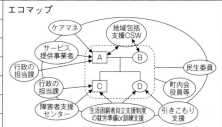

本人とその周辺に関する情報
(1) 身体面
　6月ほど前に自宅で転倒して骨折、年齢のこともあり、入院したが手術は行わず治療をしていくということになる。自宅に退院してきたが、現在は、ほとんどベットの上で過ごす生活が続いている。
(2) 精神面
　本人の介護について、家族は非協力的である。本人はいろいろな介護サービスを利用したいと思っているが、家族からの経済的な虐待があり、自分の年金を自分で管理できていなくて困っている状況がうかがえる。このようなことから、介護サービスについては、最低限度必要と思われるサービスのみを利用している。Bさんは、同町内の製造工場に勤務をしていたが、継続した勤務状況ではなかったようである。Cさんは障がい者としてのレッテルを貼られ差別を受けていたという思いがある。
(3) 経済面
　Aさんの年金は、月額12万円程度、Bさんの年金は月額4万円程度で、本世帯の収入はこれのみである。長男は以前に障害者年金を受給していたが、年金の給付を受けることは障害者のレッテルを貼られるという思いが強く更新しなかった。就職活動をしているとはいうものの、実態は不明。長女は引きこもり状況で就労の意欲について当初不明であった。
(4) 環境面
　持ち家に、家族4人で生活をしている。掃除等はまったく行われていないことから、ごみ屋敷のような状態になっている。Aさんは、Bさんと一緒の部屋で2人ともベッドを利用した生活であり、Aさんはベッドから離れることは少ない（トイレはベッド脇のポータブルトイレ）。食事については自炊して食べているということであるが、台所もごみ屋敷のような状況で衛生環境はきわめて劣悪である。玄関には、缶コーヒーの空き缶が山積みになっており、廊下には衣類が山積みとなっている状況。Aさんの居室になっているベッドを置いている部屋も足の踏み場がないような状況。その部屋が南向きのいい部屋なのだが、家の周りの草木が伸び放題で、窓を開けておくと蛇などが入ってくるということで夏も閉めっぱなしで部屋の中は非常に高温になっている。

生活歴・家族歴

　Aさんは、中学校を卒業すると、地元の土建会社の勤務や日雇い、農家の作業手伝いなどをしながら生計を立ててきた。定年後も数年日雇い労働者などをして仕事を続けてきた。同町内に住むBさんと結婚し、Cさん・Dさんの2人の子どもを授かった。Bさんは、同町内の製造工場に勤務をしていたが、継続した勤務状況ではなかったようである。Cさんは知的障がいがあり、地元の中学校を卒業後、定職には就けずアルバイトにより収入を得ていた。勤務先の勧めもあり、障害者手帳の申請と年金の受給をしていたが、手帳の交付、年金受給ということで、障がい者としてのレッテルを貼られ差別を受けていたということから、更新時に手続きをせず現在は、手帳も持っておらず年金の受給もない状況であった。Dさんも知的障がいがあり、特別支援学校を卒業した後、たまに母と同じ職場に勤務もしていたが、現在は引きこもりの状況で外部との接触がないという現状である。

支援計画

関係する社会資源

　Aさんへのフォーマルな社会資源としては、週1回デイサービス、月に1回程度地域包括支援センターの社会福祉士が訪問を行いいろいろな相談を受けている。インフォーマルな資源として、町内会長や民生委員が本世帯の生活を心配して時折訪問をしている。

ストレングス

　Aさんは、今の生活をなんとかしたいという思いが強い。長男Cさんは、今のAさんの年金をAさんが利用できないような状況であることに気づいている。自分も働きたいという思いと、障害年金、障害者手帳の再交付についても関心を持っている。Bさんは最低限度の介護は行っているようだ。

支援の方向性

　Aさんの年金をAさん自身のために使用できるようにする。
　長男のCさんへの障害者手帳の交付への理解と年金の再受給についての理解を進めながら、経済的自立に向かうような支援を進めていく。
　Bさんが生活の管理（経済面・日常生活）ができるような支援を進める。Dさんについてはまだ状況がよくわからないので、本人との面接を試みながら本人の希望を聞いていく。
　Dさんの状況が現在のところまったくと言っていいほど情報がなく、本人との面接もできていないので、とりあえず会って話ができるようなアプローチを試みてみる。

	支援目標	支援計画
短期目標	Aさんへの経済的虐待の防止 Aさんの介護サービスの増 長男C・妻B・長女Dからの経済的虐待の防止 居住環境の整備	・Aさんの年金の管理を家族以外のところで担う。 ・Aさんは、現在週1回のデイサービスを利用しているが、本人は回数を増やしたいという思いがあるので本人の希望に合ったデイサービスの利用に向けて調整をしていく。 ・家族の積極的な支援への協力があるようにする。 ・Cさんの障害者手帳の交付と年金の受給の手続き。 ・Dさんとの面接。 ・家族員のごみ屋敷への認識を進める。
長期目標	Aさんが安心して自宅で生活できるようにする。	・介護保険制度の適切な利用 ・長男Cおよび長女Dの就労と年金の受給、障害者サポートの検討 ・妻Bの家事能力の向上、支援
緊急対策	Aさんへの経済的虐待が、今以上に進まないように注意を払っていくとともに、さらに経済的虐待が進みAさんの在宅での生活が困難な場合は、施設利用を行い、場合によっては、後見人や保佐人等の選任の手続きを進める。	

第4節

60代男性の介護を抱え
経済的に困窮している家族への相談援助

　Ｅさん（63歳）家族は、58歳になる妻Ｆさん、30歳になる長男Ｇさんとの三人家族で、相談当初は、Ｅさんは特別養護老人ホームで、ＦさんとＧさんは自宅での生活を送っていた。

　Ｅさんは3～4年ほど前に脳梗塞で倒れ入院、その後左半身に麻痺が残った。退院時に自宅で生活できるようにと、社会福祉協議会の生活福祉資金の福祉費を活用して半身に麻痺があっても入浴できるようにと風呂の改築を行った。その後、在宅での生活が続いていたが、Ｅさんは身体が思うように動かせないことからストレスがたまりＦさんに暴力を振るうようになった。あるとき、暴力がエスカレートし、警察が介入、その後Ｅさんは精神科の病院に入院し退院先が特別養護老人ホームとなった。

　Ｅさん家族の収入は、Ｅさんの年金が月に約10万円、Ｆさんのアルバイト料が月3～4万円、Ｇさんは臨時職員としての給与収入はあるものの家計にはまったく生活費を入れていないということで金額については不明の状況であった。それに加え、借金の総額についてもＦさんは状況をよく把握していないようで、請求の厳しいところにある分を返済するという生活が続いているようであった。まず現在の負債額を明確にする必要があることから、自宅に届く残高のお知らせ等の関係書類を確認しながら負債残額を確定させることから支援を始めた。その結果サラ金等についてはほとんど完済の状況であること、社会福祉協議会の生活福祉資金については、若干の返済しかしておらず、しかも、最終償還期日を過ぎていることから延滞利子が加算されていることがわかった。居住している住居は、一般的な戸建ての住宅であったが、サンルームがあり、太陽光発電装置の設置などをしており、その借金もある程度残っていた。これらの借金については、施工業者と返済についての相談を進めており、継続的に返済していくことで了解を得ているというこ

とであった。また、敷地内には、隣家に倒れてしまいそうな物置小屋があり、苦情なども出ており非常に危険な状況であった。ＦさんとＥさん、Ｇさんが家族の借金について共通の認識を持つようにアプローチをしながら、面接時には、特にＦさんの就労についての意識と、家計管理に関する意欲を引き出すように心がけた。

　生活福祉資金の返済については、社会福祉協議会の貸付担当職員と事務局長にも相談にのっていただき、最終償還期日が過ぎていること、Ｅさんの現在の経済状況や他の借金の返済なども総合的に考えながら、生活福祉資金の貸付制度にある「償還金支払い猶予」という制度を活用すれば延滞利子が加算されなくなることから、その制度を使いながら（猶予期間は原則最大１年となっているが、１年経過した段階で再度支払い猶予の申請を行っていく）毎月５千円から１万円ほどの返済をしていくことをＥさん家族と相談しながら、償還を継続して行っていくこととした。

　生活福祉資金の返済というかたちで、社会福祉協議会の職員と毎月定期的に面接できるということもあり、世帯の生活状況をより細やかに把握するとともに、社会福祉協議会の担当者も本世帯に関わるという伴走型の支援の体制を組めるようになった。

　Ｆさんの就労については、まず今の収入では生活が成り立っていかないということを理解していただくために、毎月家計簿のような収支状況表を一緒に作成しながら、就労による収入の改善をしていかなければいけないことを何度も話しながら就労意欲の向上に向けての支援を行った。支援から６か月ほど経過して、本人が、嘱託職員ではあるが定期的な就労の場を探し、就職に結びつくことができた。この間Ｆさんの実家の母親が亡くなり、遺産を２００万円ほど相続することになった。その２００万円については、隣家に倒れていきそうな物置小屋を処分するのに使用してはどうかという提案をし、家族で話し合いをしていただきそのようにすることとなった。

　Ｅさんは、在宅での生活を強く希望していたことから、施設での生活から何度か体験在宅生活を経験し、介護保険による住宅の改修や、訪問介護、デイサービスの利用などを行うというケアプランをケアマネジャーに立てていただき、在宅での生活が可能になった。このようにして家族の信頼関係が築

けていけたことと、Gさんが、以前嘱託で勤めていた会社に正職員として勤めることになったことにより、生活費の一部を負担するようになり、一家の収入も安定して借金の返済も目途がつくようになってきた。現在は家族が大きな病気をするようなことにならないように健康に留意した生活を送れるようになっている。

相談援助演習

氏名	Eさん	性別	男性	年齢	63歳

相談の経緯

　Eさんは、奥さんのFさん、長男のGさんと三人家族であるが、Eさんは特別養護老人ホームで、FさんGさんは自宅で生活をしていた。収入はEさんの厚生年金の他、Fさんのアルバイト料、Gさんの給与（臨時職員）という状況で、社会福祉協議会からの生活福祉資金の他に、親せきやサラ金などから借金をしており、返済に苦慮していた。借金の返済とGさんの今後の生活について高齢者相談窓口にFさんが来所した。

主訴　日常の生活費の確保と、借金の返済について

潜在的課題

　Fさんは、金銭管理が苦手であることがうかがわれた。Fさん、Gさんの就労意欲が乏しい。Eさんは年齢も60代と若いことから、特別養護老人ホームでの生活について不満を持っている。

家族の状況					エコマップ

氏名	続柄	性別	年齢	備考
Eさん	本人	男	63歳	要介護2
Fさん	妻	女	58歳	アルバイト
Gさん	長男	男	30歳	臨時職員

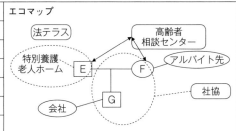

本人とその周辺に関する情報

(1) 身体面

　Eさんは、3年ほど前に脳梗塞で倒れ、その後左半身に麻痺が残った。

(2) 精神面

　Eさんは、今々の生活が精一杯で、生活全般をマネジメントできなく常に不安の状況にある。

(3) 経済面

　Eさんの年金は月額10万円程度、Fさんは不定期でのアルバイトで月額の収入は3〜4万円程度、Gさんは臨時職員として勤めているが、生活費等は一切家には入れていないという状況である。

(4) 環境面

　Eさんは、自宅から一番近い特別養護老人ホームで生活をしている。FさんとGさんは自宅で生活をしている。家屋は、ごく普通の一般住宅であるが、あまり必要性の感じられないサンルームがあり、太陽光発電のシステムが屋根に取り付けられている。また、敷地内には倒壊しそうな物置小屋があり、隣家の敷地に崩れ落ちそうな状況になっている。

170

支援計画

関係する社会資源

　Eさんは現在、特別養護老人ホームで生活している。家計を管理しているFさんへの社会資源として、債務整理を依頼する場合は、日本司法支援センター（法テラス）の紹介が考えられる。社会福祉協議会の生活福祉資金を計画通り返済できないことから、金銭管理をの視点から「福祉サービス利用支援事業」の利用が考えられる。また、生活困窮者自立支援事業の就労支援なども考えられるし、広く社会資源を考えると、就労先なども社会資源として考えることが必要である。

ストレングス

　Eさんは、現在の特別養護老人ホームの生活から、一日でも早く自宅に戻り家族と一緒に生活をしたいという強い思いがある。Fさんは経済的に安定する支援が必要と思われる。支援者の話をしっかりと理解しようとする姿勢が見受けられた。

支援の方向性

　Eさんは施設を出て自宅で生活をしたいという思いがあるのでどのように調整したら自宅で生活できるかを考えていく。

　Fさんの就労が安定しないので、安定した仕事につけることと、Gさんが臨時職員であることから正職員として働けるような働きかけをしていく。また、Fさんは金銭管理がうまくできないようなので、金銭管理と借金の残額および返済の計画を一緒に考えていく。

	支援目標	支援計画
短期目標	Eさんの施設での充実した生活 Eさんの自宅での生活へ向けての調整 FさんGさんの就労状況の改善	・施設指導員等との調整を図る。 ・Eさんが在宅での生活ができるのかどうか、ケアマネとの打ち合わせ、在宅時の介護サービスの調整。 ・どのような仕事ができるのかの調整。場合によっては、生活困窮者自立支援事業の就労支援事業を活用する。
長期目標	Eさんが自宅で安心して生活できるようにする。 Fさんが金銭管理をすることができるようにする。	・介護保険制度の適切な利用 ・借金の対応 ・妻Fさんの家事能力の向上、支援
緊急対策	Fさんの就労が現状のままであるようであれば生活保護等を検討する。その場合Gさんは世帯分離を行うことも視野に入れる。日常的に伴走支援できるような支援を考える。	

第5節

精神障がいと複数の疾患を抱える
独居女性への相談援助

　Mさん（59歳、女性）はS市に三人兄妹の長女として生まれる。最終学歴は、A市の県立工業高校を卒業する。

　その後、Mさんは、高校卒業と同時にB県にて就労していたが、33歳のとき、不眠・食欲不振を呈し、次第に言動がまとまらなくなり、町の中を徘徊しているところを警察に保護され、B大学付属病院精神科を受診し、統合失調症の診断を受ける。

　その後、両親の迎えにより実家のあるA市の病院（精神科）を紹介され通院する。以後、A市の病院（精神科）を継続通院し、精神科のデイケア、訪問看護を利用していた。ただ、安定した対人交流を保つのは困難であり、被害妄想的な思考（不安耐性が非常に低く、被害的・心気的になりやすい）に陥ることもあり、ときどき幻覚も認められていた。

　情緒不安定であり、1人になると寂しさから、知人に電話を掛けたり、被害的な念慮が強く、それがもとで他者と衝突しがちであり、安定した対人交流を保つのは困難となり、社会活動における適応性もきわめて低いと診断されている。

　情緒が落ち着いている時期に、縁があって隣村へ嫁ぐも（子どもはいない）夫が亡くなったことからA市の自宅に戻ることとなる。この時期には、父親が亡くなり、唯一自宅でMさんの面倒をみていた母親も亡くなっており自宅では一人暮らしとなっていたが、情緒不安定も繰り返し一人暮らしも困難となってきていた。

　このような状況から、日常生活全般にわたって適切な援助および見守りを要し、次第に1人で生活を保っていくことが困難となり、55歳のときに精神障害者グループホームCに入居することになった。

　2年後、脳梗塞を発症したことで、T病院に入院した。後遺症として、右

片麻痺、構音障害残存があり、介護認定の結果、要介護5の認定となった。回復期リハビリテーション病棟でリハビリ施行中であるが、移動は車椅子、排泄にも介助を要する状態である。

その後、病状も落ち着き退院となったものの、グループホームCに戻れる状態でもなく、また自宅には誰もおらず一人暮らしとなることから、院内の居宅介護支援事業所のケアマネジャーと相談し、身体介護が可能である介護老人保健施設、特別養護老人ホーム、有料老人ホーム等への申し込みをMさんの妹のNさんが実施することとなる。

現在、入院しているT病院には、機能訓練を中心とした病棟があることで脳梗塞後遺症の改善状態の評価も受けやすく、退院後の生活に向けた相談においても具体的に必要とされる訓練の説明を受けたり問い合わせがしやすい。入院時に要介護5であったが、リハビリの効果で要介護4となった。

また、入院中の病院内には退院後の生活支援に結びつく居宅介護支援事業所があり、入院中に担当する医師、看護師以外にケアマネジャーも配置されているため相談がしやすい。また、キーパーソンである隣村に嫁いだ妹の支援が可能である。なお、長男である兄は遠方のF県に在住しており一切関わっていない。

相談援助演習

氏名	Mさん	性別	女性	年齢	59歳

相談の経緯

　55歳のとき、統合失調症のため、グループホームCへ入居した。2年後、脳梗塞でT病院に入院したが、構音障害残存あり、リハビリ病棟でリハビリ施行している。移動は車椅子、排泄にも介助を要する状態で、一人暮らしであり、入院前の施設では受入困難のため、介護保険施設の特別養護老人ホーム、介護老人保健施設、有料老人ホームに入所申し込みを行う。

主訴

　日々の生活で悩むこともあるが、話を聞いてもらったり相談できる相手がいると気持ちが楽になる。そういう生活をしたい。

潜在的課題

①両親も亡くなり一人暮らしである。日常的な関わりは、隣村に嫁いだ妹1人。
②統合失調様精神病、脳梗塞後遺症。糖尿病の既往歴と継続治療。
③被害妄想、被害的念慮強傾向。自己中心的で他者との交流が図れない。

家族の状況

氏名	続柄	性別	年齢	備考
Mさん	本人	女	59歳	
Nさん	妹	女	54歳	隣村に嫁ぐ
○○　○○	兄	男		F県在住

エコマップ

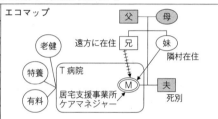

本人とその周辺に関する情報

(1) 身体面

　視力、聴力、言語については普通である。脳梗塞後遺症のため右下肢に麻痺があり、ベッドからの起き上がり、車椅子への移乗、立ち上がり等への一部介助が必要。機能低下を予防するため移乗訓練、車椅子の自力操作訓練、歩行器を利用しての歩行訓練を行っている。

(2) 精神面

　情緒不安定であり、1人になると寂しさからか被害的な念慮が強くそれがもとで他利用者と衝突しがちで、安定した対人交流を保つのは困難である。対人交流の適応性もきわめて低く、日常生活においては、援助者との関わりのみである。

(3) 経済面

　障害者年金を受給しているが、妹が管理しており、入院費やサービス利用料金の支払い、身の回り用品の購入等滞りない。

(4) 環境面

　A市に自宅はあるが、母が亡くなってからは一人暮らしの生活である。統合失調症を発症したことで一人暮らしは困難となり、精神障害者のグループホームCに入居となるも、脳梗塞を発症し、治療後には後遺症が残ったことからグループホームCでの生活は困難となり、病院で機能訓練を受けながら退院後は介護施設への申し込みとなる。

生活歴・家族歴

　両親と兄、妹の三人兄妹のMさんは、A市内の高校を卒業しB県に在住していた際に統合失調症を発症した。A市に戻り、精神科にて通院し薬物療法にて抑制されていた。主に、母親が病院等の身の回りの世話をしていた。その後、隣村へ嫁ぐも夫が亡くなったことから自宅に戻るが父親および母親も亡くなり一人暮らしをしていた。その後は、隣村に嫁いだ妹が、病院への対応や施設の申し込み等を行っている。遠方のF県在住の兄とは疎遠である。

支援計画

関係する社会資源
Mさんの直接的な資源としては、現在入院しているT病院の居宅介護支援事業所、その所属のケアマネジャーに支援をお願いしている。インフォーマルな資源としては、隣村に嫁いだ妹の援助が受けられる。

ストレングス
現在、入院している病院には、機能訓練を中心とした病棟があることで脳梗塞後遺症の改善状態の評価も受けやすく、退院後の生活に向けた相談においても具体的に必要とされる訓練の説明を受けたり問い合わせがしやすい。また、入院中の病院内には退院後の生活支援に結びつく居宅介護支援事業所があり、入院中に担当する医師、看護師以外にケアマネジャーも配置されているため相談がしやすい。また、妹の支援が可能である。

支援の方向性
Mさんの思いを尊重した支援が必要であるが、被害的妄想や自己中心的な面の治療が優先できるよう気持ちを切り替えてもらう。情緒的サポートや手段的サポートとしてどの程度、妹の支援が必要か一緒に考える。また、本人は入院時に脳梗塞後遺症で要介護5であったが、更新認定により要介護4となり機能訓練の効果も表れてきている。 　退院後については、現在入院している病院の居宅介護支援事業所のケアマネジャーとMさん、妹と相談している。自宅には、誰も残っておらず、現在のADL状態では一人暮らしは困難であるため、介護施設等の利用や入所へ向けた申し込みが必要と思われる（有料老人ホーム、介護老人保健施設、特別養護老人ホーム入所の検討）。なお、Mさん本人の精神状態も被害妄想的な思考を繰り返すことが予想されるため、A市内の精神科への定期受診も本人の情緒安定と施設における集団生活への適応性のために考慮が必要と思われる。 　隣村に嫁いでいる妹からの情緒的サポート、身の回り品等へのサポートが得られると考えられる。

	支援目標	支援計画
短期目標	病気の悪化を防止し医療面での不安を軽減する。 おいしく食事を摂り体調を維持できる。 機能低下を防ぐことができる。 楽しみを持てる。	・医師による診察・内服調整・健康相談を受ける。 ・日々の状態観察と異常時の早期発見・早期対応をする。 ・摂取量の把握、体重測定により観察する。食後の口腔ケアを実施する。リハビリスプーン・フォークを使用し、副食は一口大での提供とする。 ・体調に合わせ、立ち上がり訓練、車椅子への移乗訓練、車椅子の自力操作訓練、歩行器を使用した歩行訓練を行う。 ・本人の好きなこと、興味のあることができる環境を提供する。 ・ご家族・知人との時間を確保する。
長期目標	病気の悪化を防止し、体調が安定して過ごせるようになる。 穏やかに楽しく過ごすことができる。	・介護保険制度のフォーマルサービスが定期的に受けられるよう施設への入所申し込みを行う。 ・妹の情緒的サポートや手段的サポートが継続的に行われる。
緊急対策	現在のT病院での機能訓練等の計画がゴールに近づいているなか、喫緊の課題として一人暮らしで在宅復帰は困難であり、年齢が59歳であるものの精神障害ではあるが、脳梗塞後遺症から要介護5の認定を受けており、第2号被保険者にも該当し、全介助が多い現状から介護保険制度対応の介護保険施設（有料老人ホーム、介護老人保健施設、特別養護老人ホーム等）への入所が望まれる。	

第6節

施設を出て一人暮らしを望む
身体障がい者への相談援助

　Ｂさん（37歳・男性）は、Ｘ市の障がい者施設で暮らしている。家族は、Ｂさんを含めて、父親（68歳）、母親（69歳）、妹（32歳）とその夫（34歳）と子（2歳）の六人家族である。

　Ｂさんは出生まもなく脳性麻痺の診断を受けた。身体障害者手帳1級、車椅子を使用している。両下肢は伸展したままつっぱっており、立位や歩行はできない。上肢は手指に変形があるが準備してもらえば食事摂取などは自力でできる。排泄や入浴は一部介助が必要である。買い物、掃除などの手段的日常生活動作（IADL）は介助が必要である。障害支援区分4である。

　6歳のときにＸ市の障がい児施設に入所し、18歳のときに、現在の障がい者施設に入所した。両親は定期的に面会に来ており外出もしていたが、父親が、昨年、脳梗塞（右半身麻痺）になり、要介護2の認定を受けてから、母親の面会はあるものの外出はできなくなった。Ｂさんの車椅子の移乗や車での送迎は父親がしていたためである。妹夫婦は育児と仕事で忙しく、面会もほとんどない。

　Ｂさんは、NHKで、身体障がい者が1人で生活しているドキュメンタリー番組を見てから、自分も施設を出て一人暮らしがしたいと思うようになった。夏祭りのボランティアに来てくれた大学生の友だちが、できることは支援すると言ってくれている。Ｂさんは、将来、同じ施設で生活しているＣ美と結婚したいと思っている。Ｃ美は知的障がいと視覚障がいがある。しかし、Ｂさんの気持ちをよく理解してくれ、Ｂさんと一緒なら施設を出て暮らしてみたいと言っている。そのため、最初は自分が先に一人暮らしに慣れてから、Ｃ美を呼び寄せたいとＢさんは考えている。

　しかし、Ｂさんの両親はＢさんが施設を出ることに反対している。施設にいればなにも心配なく暮らせるのに、なぜ、施設を出て一人暮らしをする

のか、とまったくBさんの言葉に耳を貸さない。涙ながらに説得しようとする母親の顔を見ると、Bさんはなにも言い出せなくなってしまうのだった。妹からも、Bさんが一人暮らしを始めてもなんの手助けもできないと釘を刺された。Bさんは、自分のことは自分で決めていいはずだと思う反面、Bさん自身も、これまで一人暮らしをした経験がないことからくる不安があり、自己決定ができずに落ち込むことが多くなった。結局迷っているうちに半年が過ぎ、Bさんと家族の思いはすれ違ったまま、まもなく冬になろうとしていた。

　いよいよ悩んでしまったBさんは施設のソーシャルワーカーに相談してみた。すると、彼は地域相談支援というものが受けられるはずだと、基幹相談支援センターにつないでくれた。センターのソーシャルワーカーの説明では、住宅の確保や地域移行のための障害福祉サービス事業者への同行支援をしてくれるという。さらに、障がい者の介護給付として居宅介護や行動援護が受けられる。また、一人暮らし後は自立生活援助も受けられる。Bさんは現在、機能型事業所に通い就労継続支援A型で雇用契約のうえ、簡単なパソコンの入力作業をしており、月6万円の収入がある。実は、一般の会社で就労したいという希望があり、一人暮らしを始めたらX市のハローワークに相談に行くことを考えている。Bさんは障害基礎年金として月8万円ほど受給している。また、貯金が500万円ほどある。

相談援助演習

氏名	Bさん	性別	男性	年齢	37歳

相談の経緯

　Bさんは出生まもなく脳性麻痺の診断を受け、現在は障がい者施設に入所している。ある日、NHKで、身体障がい者が1人で生活しているドキュメンタリー番組を見てから、Bさんは自分も施設を出て一人暮らしがしたいと思うようになった。将来、同じ施設に入所しているC美と結婚したいと思っている。しかし、家族の反対にあい、Bさんはどうしたものかと迷い、基幹相談支援センターに相談した。

主訴

　障がい者施設を出て、地域で一人暮らしがしたい。

潜在的課題

　独居生活への不安、障がい者の就労

家族の状況

氏名	続柄	性別	年齢	備考
Bさん	本人	男	37歳	区分4
○○ ○○	父親	男	68歳	要介護2
○○ ○○	母親	女	69歳	
○○ ○○	妹	女	32歳	
○○ ○○	義弟	男	34歳	
○○ ○○	姪	女	2歳	

エコマップ

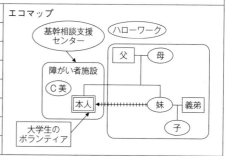

本人とその周辺に関する情報

(1) 身体面

　出生まもなく脳性麻痺の診断を受けた。身体障害者手帳1級、車椅子を使用している。両下肢は伸展したままつっぱっており、立位や歩行はできない。上肢は手指に変形があるが準備してもらえば食事摂取などは自力でできる。排泄や入浴は一部介助が必要である。買い物、掃除などのIADLは介助が必要である。障害支援区分4である。

(2) 精神面

　Bさんは、自分のことは自分で決めていいはずだと思う反面、Bさん自身も、これまで一人暮らしをした経験がないことからくる不安があり、自己決定ができずに落ち込むことが多くなった。

(3) 経済面

　障害基礎年金として月8万円ほど受給している。預貯金が500万円ほどある。就労継続支援A型で雇用契約のうえ働いており月6万円の収入がある。一人暮らし後は一般就労を検討している。

(4) 環境面

　障がい者施設での生活で日常生活には支障がない。両親は定期的に面会に来ており外出もしていたが、父親が、昨年、脳梗塞（右半身麻痺）になり、要介護2の認定を受けてから、母親の面会はあるものの外出はできなくなった。Bさんの車椅子の移乗や車での送迎は父親がしていたためである。妹夫婦は育児と仕事で忙しく、面会もほとんどない。

生活歴・家族歴

　Bさんは、出生まもなく脳性麻痺の診断を受け、6歳のときにX市の障がい児施設に入所し、18歳のときに、現在の障がい者施設に入所した。現在、家族は、Bさんを含めて、父親、母親、妹とその夫と子の六人家族である。両親は定期的に面会に来ており外出もしていたが、父親が、昨年、脳梗塞（右半身麻痺）になり、要介護2の認定を受けてから、母親の面会はあるものの外出はできなくなった。妹夫婦は育児と仕事で忙しく、面会もほとんどない。

支援計画

関係する社会資源
フォーマルな資源としては、基幹相談支援センターの支援、住宅の確保や地域移行のための障がい福祉サービス事業者への同行支援、介護給付として居宅介護や行動援護が受けられる。また、一人暮らし後は自立生活援助が受けられ、かつ一般就労が可能となった場合は、就労定着支援給付が受けられる。フォーマルな資源としては、大学生のボランティアの支援が受けられる。C美という異性との交遊があり、心の支えとなっている。

ストレングス
両親との関係が良好で、両親はBさんのことを心配し、母親は定期的に面会にも来ている。 　介護給付として居宅介護や行動援護が受けられ、また、一人暮らし後は自立生活援助が受けられる。 　訓練給付として、就労定着支援給付などが受けられ、X市のハローワークに相談できる。 　障がい者施設内に入所しているC美が、Bさんの心の支えとなっている。 　大学生のボランティアの支援が受けられる。

支援の方向性
Bさんは、施設を出て、自立して一人暮らしがしたいと考えており、本人の思いを尊重する必要がある。しかし、両親の反対や、自分自身の不安もあり、決断ができずにいる。本人との話を重ねながら、本当のニーズを確認し、意思決定につなげる。また、家族との意見の相違についても、家族との話し合いを重ねて、理解が得られるよう支援する。 　「地域移行支援」を利用し、施設を出て生活するうえでの、生活面（住まい・IADL）、健康管理、金銭面の問題を1つずつ確認し、具体的なサービス計画と、支援内容を確定する。また、就労については、すでに就労継続支援A型で雇用契約のうえ働いており月6万円の収入があり、かつ一般就労の希望があるためハローワークとの連携をとりながら行動計画を立てる必要がある。 　一人暮らしが始まってからは、自立生活援助による巡回支援などとの連携を図りながら、定期的にモニタリングを続け、生活に支障がないか見守っていく。

	支援目標	支援計画
短期目標	一人暮らしをするかどうか意思決定ができる。	・本人との話し合いを重ね、生活面（住まい・IADL）等についての具体的な支援を検討する。 ・本人と家族の話し合いを行い、両者が納得したうえで、Bさんの意思決定ができるよう支援する。 ・Bさんが、一人暮らしのイメージをつかめる。 ・部屋探しや契約の同行をする。 ・一人暮らしの意思決定ができたら、宿泊や外出などの試行体験を実施する。 ・日中活動（就労・趣味）について準備する。
長期目標	地域での暮らしが継続できる。	・日中生活（就労・趣味）が継続できる。 ・日常生活への支障がない。 ・健康面の管理や疾病時に支援の要請ができる。 ・家族との良好な関係性が保てる。 ・C美との地域生活について検討できる。
緊急対策	疾病や事故等に、支援の要請に基づき、医療的介入等を行う必要がある。	

第7節

知的障がい者が自立した地域生活を
目指すことへの相談援助

　Ｃさん（62歳、女性）は、知的障がいがある息子Ｄさん（21歳）と二人暮らしである。Ｃさんは、40代前半に高齢出産でＤさんを産み、Ｄさんが3歳のときに離婚した。近くにＣさんの母親Ｅさん（85歳）が一人暮らしをしているものの、離婚後はパート勤めをしながら1人でＤさんを育て、Ｄさんの介護もＣさんによるところが大きい。

　Ｄさんは3歳児健診において知的障がいの疑いありと診断される。療育手帳Ｂを取得し、障害支援区分4の判定である。日常生活動作（ADL）全般においては見守りが必要で、掃除・洗濯・食事づくりなどの手段的日常生活動作（IADL）はすべて介助を要する。簡単な会話は可能だが、一方的な発語が多い。また、強いこだわりがあり、思いどおりにならないとパニック状態となることがある。小・中学校の特別支援学級に通った。高校は県立の特別支援学校高等部に入学した。そこでは、農耕班に所属するとともに、ソフトボール部の一員として各種大会にも出場した。卒業後、自宅から10分程度の距離にある社会福祉法人の障害者就労継続支援Ｂ型事業所を利用し、作業能力は問題なく真面目に作業をこなしており、事業所で働く他の利用者との関係は事業所の職員の関わりもあり良好であった。経済状況としては、障害基礎年金の支給を受けているため、月に8万円と事業所の作業手当が月に5千円程度ある。

　Ｃさんが脳内出血のため職場で倒れ、そのまま入院になった。ＤさんはＣさんの母親であるＥさんと一緒に生活することになったが、Ｅさんの言動には暴力で抵抗しようとして、家庭内では暴れるようになった。Ｅさんは高齢のためＤさんの暴力を制止することが難しく、またＤさんは事業所を欠勤することが多くなった。

　Ｅさんは社会福祉法人の障害者就労継続支援Ｂ型事業所の相談支援職員

（以下、ソーシャルワーカー）に電話で相談した。Eさんは「Cの入院中、D本人と2人での生活は難しい。入所サービスを利用したい」と話した。そこで、ソーシャルワーカーは同法人内の生活介護事業所のソーシャルワーカー、サービス管理責任者と一緒に、短期入所サービスを利用することを主訴としたサービス利用計画を作成するため、Dさんと一緒に生活しているEさんのご自宅を訪問し面接を実施した。最初にソーシャルワーカー、サービス管理責任者の自己紹介をし、今後情報を関係機関に開示する場合の説明を行い、個人情報開示承諾書に署名・押印をもらった。面接におけるDさんおよびCさん・Dさんの今後の生活に対する意向は以下のとおりであった。Dさんは、母親の入院中も現在の事業所に通い作業をしたい。また、地域の中で自立した生活を送りたい。Cさん・Dさんは、母親の入院中は祖母と本人2人での生活は難しいので、短期入所サービスを利用しながら、事業所に通うことが望ましい。また、将来的なことを考え、共同生活援助事業所を検討したいということであった。

相談援助演習

氏名	Dさん	性別	男性	年齢	21歳

相談の経緯

　母子家庭で、母親の介護により生活が保障されていた知的障がい者が、母親が脳内出血のため入院となり、祖母との生活となった。祖母の言動に暴力で抵抗しようとして、家庭内では暴れるようになり、祖母は高齢のため暴力を制止することが難しい。また、事業所を欠勤することが多くなった。

主訴

　現在の障害者就労継続支援B型事業所に通いたい。
　地域の中で自立した生活を送りたい。
　母親が入院中、短期入所サービスを利用したい。

潜在的課題

　これまで母親の介護に依存してきたことから、母親と離れて暮らすことによる不安・ストレスを感じる。また、金銭管理が難しい。

家族の状況

氏名	続柄	性別	年齢	備考
Cさん	母親	女性	62歳	入院中
Dさん	本人	男性	21歳	区分4

エコマップ

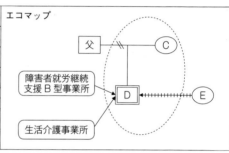

本人とその周辺に関する情報

(1) 身体面
　日常生活動作（ADL）全般においては見守りが必要である。
(2) 精神面
　強いこだわりがあり、思いどおりにならないとパニック状態となることがある。
(3) 経済面
　障害基礎年金の支給を受けているため、月に8万円と事業所の作業手当が月に5千円程度ある。
(4) 環境面
　母親と一緒に生活している自宅は2DKの貸家である。近所には祖母が持ち家で一人暮らしをしている。
　自宅から10分程度の距離にある社会福祉法人の障害者就労継続支援B型事業所を利用している。

生活歴・家族歴

　Dさんは3歳児健診において知的障がいの疑いありと診断される。現在、母親と二人暮らしで、障害者就労継続支援B型事業所を利用している。母親が脳内出血のため入院となったことから、近所の祖母宅で二人暮らしになった。祖母と一緒に暮らすようになってからは、家庭内で暴れることがある。

支援計画

関係する社会資源
現在利用している社会福祉法人の障害者就労継続支援 B 型事業所と同法人の生活介護事業所の短期入所事業がある。また、日中一時支援事業、共同生活援助事業所の利用も考えられる。

ストレングス
現在利用している社会福祉法人の障害者就労継続支援 B 型事業所に継続して通いたいという願いと、地域の中で自立して生活を送りたいという思いがある。

支援の方向性
　母親が不在の状態においても、落ち着いて過ごすことができるよう支援する。

	支援目標	支援計画
短期目標	祖母の介護負担を軽減。 短期入所事業を利用し、新しい環境に慣れる。 母親が退院後は日中一時支援事業を利用し、母親および祖母の介護負担を軽減。	・ソーシャルワーカーとサービス管理責任者が連携し、同法人内の短期入所事業を利用できるよう調整を図る。 ・ソーシャルワーカーと現場の職員間で情報を共有する。 ・日中一時支援事業では、本人の希望を確認し、その希望に沿った過ごし方ができるよう環境を整える。
長期目標	現在利用している障害者就労継続支援 B 型事業所に通いながら、短期入所事業・日中一時支援事業を定期的に利用し、本人自身が他の利用者と関わりを持ちながら、落ち着いて生活することができる。	・将来的に地域の中で自立した生活が送れるよう、本人自身が身の回りのことを行い、自信を持てるよう支援する。
緊急対策	短期入所事業において、不安・ストレスが強い場合は、居宅介護事業を利用することを検討する。または、他法人の生活介護事業所を利用することも検討する必要がある。	

第8章

福祉マネジメントに関する研究

第 1 節

研究の意義

学校教育法第 83 条では、大学の目的を次のように定義している。

　大学は、学術の中心として、広く知識を授けるとともに、深く専門の学芸を教授研究し、知的、道徳的及び応用的能力を展開させることを目的とする。

　②大学は、その目的を実現するための教育研究を行い、その成果を広く社会に提供することにより、社会の発展に寄与するものとする。

この条文によれば、大学における教育研究は、成果を社会に提供して社会の発展に寄与するものであるといえる。では、「研究」という言葉を辞書等で調べてみると、次のように説明されている。

『広辞苑』　　　　：よく調べ考えて真理をきわめること
『常用国語辞典』　：深く調べ考えること
『旺文社国語辞典』：物事を深くよくしらべ考えること
　　　　　　　　　　物事の事実を明らかにし真理を知ること

2014 年に「研究活動における不正行為への対応等に関するガイドライン」[1] が文部科学大臣によって決定された。そこに記述されている研究活動とは、「先人達が行った研究の諸業績を踏まえた上で、観察や実験等によって知り得た事実やデータを素材としつつ、自分自身の省察・発想・アイディア等に基づく新たな知見を創造し、知の体系を構築していく行為である。その際、科学研究とは、そもそも仮説と検証の循環により発展していくものであり、仮説が後に否定されるものであったとしても、当該仮説そのものが科学的価値を持ち得るものであるということを忘れてはならない」としている。このガイドラインと学校教育法からすると、研究とは、知の体系を社会に提供して社会の発展に寄与するものであるといえる。

しかし、研究だからといって、どのような行動をとってもよいわけではない。研究する者の行動として意識すべき点は、2013年に日本学術会議が声明した「科学者の行動規範」[2)]である。この行動規範では、科学者の責務として、「科学者は、自らが生み出す専門知識や技術の質を担保する責任を有し、さらに自らの専門知識、技術、経験を活かして、人類の健康と福祉、社会の安全と安寧、そして地球環境の持続性に貢献するという責任を有する」（科学者の基本的責任）としている。また、公正な研究として、「科学者は、自らの研究の立案・計画・申請・実施・報告などの過程において、本規範の趣旨に沿って誠実に行動する。科学者は研究成果を論文などで公表することで、各自が果たした役割に応じて功績の認知を得るとともに責任を負わなければならない。研究・調査データの記録保存や厳正な取扱いを徹底し、ねつ造、改ざん、盗用などの不正行為を為さず、また加担しない」（研究活動）としている。

　公正な研究成果を論文などで公表していくことは、ソーシャルワーカーの専門性を構築し、保健・医療・教育など他の専門職との連携や協働を可能とし、社会に対して広くソーシャルワーカーの評価を高めていくために不可欠なことである。そこで、次の節では近年におけるソーシャルワーク研究の動向を示す。

第2節

ソーシャルワーク研究の動向

　表8-2で取り上げた論文は国立情報学研究所（NII）の「コンテンツサービス CiNii」にて2019年3月時点で、「ソーシャルワーカー」あるいは「ソーシャルワーク」のキーワードで検索したものである。2015年以降の論文のうち、対談や書評、報告書、主題がソーシャルワークではないものを除いた121論文を対象として選定した。

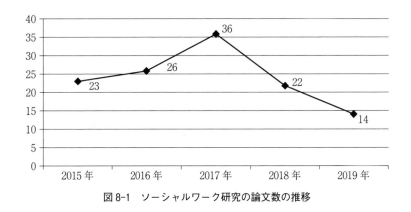

図 8-1 ソーシャルワーク研究の論文数の推移

表 8-1 発行年と領域のクロス集計

		福祉	学校	医療	養成教育	保育	地域	災害	理論	全般	その他
発行年	2015	0	6	3	1	1	1	2	5	1	3
	2016	1	8	5	2	1	0	1	4	4	0
	2017	2	6	3	7	3	3	0	2	8	2
	2018	3	6	7	3	0	0	0	2	1	0
	2019	1	4	5	0	0	0	0	1	1	2
合　計		7	30	23	13	5	4	3	14	15	7

1．ソーシャルワーク研究の推移

　発行年による論文数は、2015 年 23 本（19.0％）、2016 年 26 本（21.5％）、2017 年 36 本（29.7％）、2018 年 22 本（18.2％）、2019 年 14 本（11.6％）であり、2019 年の論文数が少ないのは、3 月までの 3 か月のみとした影響が大きいと思われる（図 8-1）。また、2017 年に比べ 2018 年は論文数が減っており、発行年と領域のクロス集計（表 8-1）では、2017 年では保育分野と地域分野がそれぞれ 3 本発表されているのに対し、2018 年以降では両分野とも 0 本となっている現状も明らかになった。これは、近年の保育系学会では心理の視点からの研究が多いためであると思われるが、そもそも保育現場では、保育士が表立ってソーシャルワークを展開するのではなく、児童相談所や地

域包括支援センター等との連携にとどまっていることが要因のひとつとして考えられる。

　領域別に分類すると、学校分野が30本（24.8%）と最も多く、次いで医療分野23本（19.0%）、全般分野15本（12.4%）、理論分野14本（11.6%）、養成教育分野13本（10.7%）、福祉分野とその他がそれぞれ7本（5.8%）、保育分野5本（4.1%）、地域分野4本（3.3%）、災害分野3本（2.5%）であり、学校・医療分野におけるソーシャルワークに関する研究が多い傾向がある。また、研究手法についての累計では、調査研究が48本（39.7%）と最も多く、次いで文献研究が46本（38.0%）、事例研究は27本（22.3%）であった。

2．ソーシャルワーク研究の概要

　対象論文における領域、目的、研究手法、主な結論の項目を整理した（表8-2）。領域は、表8-1同様、福祉、学校、医療、養成教育、保育、地域、災害、理論、全般、その他に分類した。研究手法は、文献研究、調査研究、事例研究に分類した。

表8-2　ソーシャルワーク研究の概要

SW：ソーシャルワーク　　　　　　　　SWer：ソーシャルワーカー
SSW：スクールソーシャルワーク　　　　SSWer：スクールソーシャルワーカー
MSW：医療ソーシャルワーク　　　　　　MSWer：医療ソーシャルワーカー
CSW：コミュニティソーシャルワーク　　CSWer：コミュニティソーシャルワーカー

論文者氏名	論文タイトル・掲載先	領域	目的	手法	結論
笠原幸子（2019）	准高齢者のサクセスフル・エイジングへのアプローチ——ソーシャルワーカーの視点　四天王寺大学紀要(67), 315-336	福祉	高齢者がサクセスフル・エイジングを迎えられるよう、SWerはいかに支援すればよいのかについて検討する。	調査	SWの視点を5点示した。①日常生活や生活環境、②能力・意欲・願望・嗜好・自信といったプラス面、③現代の社会経済状況や人間関係の変化等、④高齢者だけに焦点をあてるのではなく、システムとしてとらえる、⑤希薄化した地域の人間関係を再構築すること。

論文者氏名	論文タイトル・掲載先	領域	目的	手法	結論
木村淳也 (2019)	スクールソーシャルワーカーに対するスーパービジョン実践の課題と考察——福島県会津地方におけるスーパービジョン実践を通して 会津大学短期大学部研究紀要(76),135-146	学校	SSWerにおけるスーパービジョン実践に焦点をあてて、その概要を整理する。	事例	スーパーバイザーは、SSWerと連絡会などの場において関わりを持つことだけにとどまることなく、個別のスーパービジョンを実施することが必要である。
小野芳秀 (2019)	課題を抱える児童生徒とその家族への支援体制に関する研究—— A 町教育委員会におけるスクールソーシャルワーク実践の視点から 東北福祉大学研究紀要(43), 51-70	学校	SSWerに対し、普段支援を行ううえで困難に感じていること、それらに対して有効と考える解決策ならびに支援体制について検討する。	調査	SSWerが困難と感じているカテゴリとして「情報収集の困難さ」「支援の困難さ」「保護者の特性による困難さ」が抽出された。
竹森美穂 (2019)	ソーシャルワーカーの現代的専門職像に関する一考察——「参加」への協働的志向 佛教大学大学院紀要社会福祉学研究科篇(47), 19-34	全般	近年の社会福祉に関する政策動向の中で、SWがマネジメントに矮小化される状況に対する危機感から、SWerの現代的専門職像を考察する。	文献	SWerは、政策の意図する人々の「参加」を促すのではなく、共同主体的関係性の再構築に協働的志向で参画することが求められる。
丸山正三 (2019)	ソーシャルワーク実践における効果測定の必要性——医療ソーシャルワーカーに対する経営的数値評価から独立するために 人間生活学研究(26), 9-21	医療	MSWerによる効果測定に対する認識と活用の実態を統計的にとらえること、経営的な数値評価からMSWerの実践に及ぼす影響を分析すること、MSWerにおける効果測定の必要性および導入について検討する。	調査	構造的課題としてとらえて取り組むためには、効果測定を一体化させたSW実践モデルの開発が求められる。
中村裕子 (2019)	バルネラビリティ概念の考察——ソーシャルワーカーの実践への示唆 札幌学院大学人文学会紀要(105), 73-83	理論	バルネラビリティの概念についてレビューし、SWに必要な視座について示唆を得ようとする。	文献	バルネラブルな立場に置かれる人のケアは社会の責任である。SWerはこの視座に立つことが必要であり、そのような実践が人々のつながりを育む。
日和恭世 (2019)	医療ソーシャルワーカーの思考過程に関する一考察 別府大学紀要(60), 103-115	医療	MSWerの思考過程を言語化し、その特徴について考察する。	調査	MSWerの思考過程の特徴としては、過去、現在、未来を連続するものとしてとらえていること、プロセスに焦点をあてていること、クライエントの意向を尊重することである。

論文者氏名	論文タイトル・掲載先	領域	目的	手法	結論
高橋眞琴 石黒慶太 (2019)	チーム学校の組織化から見るスクールソーシャルワーカーの役割 鳴門教育大学学校教育研究紀要(33), 11-18	学校	SSWer が学校現場に定着するための必要な要件について考察する。	文献	SSWer が学校教育での役割について、教育関係者の理解を得ることが必要であることが示唆された。
髙橋康史 川瀬瑠美 (2019)	学校教育におけるソーシャルワークの活用に関する一考察 名古屋市立大学大学院人間文化研究科人間文化研究 (31), 115-131	学校	学校教育における生徒指導活動を理論的な観点から整理し、学校教育におけるSW の活用についてとらえ直す。	文献	学校経営の側面を強くもつ生徒指導において、生徒指導への批判性や公平性をもちながら、学校教育で SWer としての専門性を維持するには、SSWer が、学校教育に対する外部性を確保できるような体制が求められている。
島谷綾郁 (2019)	刑務所等におけるソーシャルワークの業務課題とあるべき姿についての研究：序論 敬心・研究ジャーナル 3(1), 125-134	その他	刑務所等における SW の業務課題と SWer のあるべき姿について考察する。	文献	刑務所等における SWer には、①業務整理および業務指針を設けること、②スーパーバイズの体制づくりを整備し、③SWer としての知識・技術、④生活モデルの実践展開、⑤被害者理解を会得することがあるべき姿である。
宮原和沙 (2019)	他者に対する依存度が高い患者の退院へ向けてのソーシャルワーク・アプローチ——医療ソーシャルワーカーによる患者の行動変容に向けての支援 徳島文理大学研究紀要 97, 25-30	医療	血液透析患者の退院支援における MSWer が果たすべき役割について考察する。	事例	患者に対して、心理社会的アプローチや行動主義アプローチを用いて支援し、患者が希望した自宅退院へと至った。
宮原和沙 (2019)	医療ソーシャルワーカーによる長期療養目的で転院してきた帰宅願望の強い患者の在宅へ向けての支援——生活の全てを妻に依存する患者の一事例 徳島文理大学研究紀要 97, 39-42	医療	MSWer における退院支援のあり方について事例を通して考察し、今後、さらに患者一人ひとりに応じた支援へとつなげていく。	事例	MSWer は患者や家族に必要な情報をきちんと提供し、患者らが選択・決定したことを尊重し、援助・支援していくことが求められる。
北川裕美子 吉田浩子 (2019)	医療ソーシャルワーカーにおける職業上の葛藤経験の分析 川崎医療福祉学会誌 28(2), 455-464	医療	MSWer の職務上における倫理観の構造や葛藤経験等を分析する。	調査	分析対象者の9割以上が日ごろの職務の中で何らかの葛藤を体験していた。職業上の倫理観の特徴および行動の判断基準においては、年代や病院形態による違い、倫理教育経験の有無との関連性が明らかになった。

論文者氏名	論文タイトル・掲載先	領域	目的	手法	結論
山田修三 (2019)	ソーシャルワークにおける解決志向アプローチ 安田女子大學紀要 (47), 49-58	その他	解決志向的アプローチおよび循環的質問法が、本事例においてクライアントである家族とSWerとの面接に及ぼした効果について考察する。	事例	解決志向アプローチによる技法群および変容技法として循環的質問法を用いたことは、この家庭が抱えていた問題の軽減および対処能力を高めて、良好な親子関係を構築することに有効であった。
西野緑 (2018)	子ども虐待に関するスクールソーシャルワーカーを含めたチーム学校の支援――スクールソーシャルワーク実践における子ども・家庭・学校の変化 学校ソーシャルワーク研究(13), 83-96	学校	要保護・要支援児童のうち小中学生について、生活課題、チーム学校の支援およびSSWerの援助、子ども・保護者・学校の変化について明らかにする。	調査	チーム学校の支援やSSWerの援助が子ども、家庭、学校に変化を起こすこと、市町村全体を視野に入れたシステム作りが不可欠である。
渡邊隆文 (2018)	学校教育現場におけるスクールソーシャルワーカーが抱える困難――スクールソーシャルワーカー間の連携・協働関係に焦点を当てて 学校ソーシャルワーク研究(13), 72-82	学校	SSWerが抱える困難を精査し、影響要因について明らかにする。	調査	同じ領域の専門職同士であってもさまざまな要因によって連携・協働していく際に難しさがあることがわかった。
山中徹二 (2018)	障害の気づきから展開されるスクールソーシャルワークの実践と役割 学校ソーシャルワーク研究(13), 58-71	学校	SSWerが親や子どもの障がい受容の状況を把握する中で、どのような支援が求められるのかをとらえ、それに対応するSSWerのあり方を検討する。	調査	SSWerは特別支援との系統的な連携を可能とする組織体制への働きかけや教職員へのサポート体制を整える必要がある。
孫希叔 (2018)	新人ソーシャルワーカーが抱える「ネガティブな経験」の検討 評論・社会科学 (126), 51-72	福祉	新人SWerが実践の中で感じている「ネガティブな経験」の背景にはどのような要因が考えられているのかを探索的に検討する。さらに、その結果を踏まえ、ネガティブな経験と向き合うために必要な視点について検討する。	調査	ネガティブな経験の中には、実践への魅力を失ってしまったり、職場内で利用者中心の支援が保たれていないと感じたりするなど、対人援助職としての生き方の根幹に関わるような価値観の揺れを感じさせるようなものであれば、技術や知識の習得に伴って乗り越えられるようなものもあり、新人SWer個人に与える影響はさまざまである。
小林哲朗 他 (2018)	MSW病病連携への医療ソーシャルワーカーの取り組みについて 共済医報 67(3), 293-297	医療	地域包括ケアシステム構築に向けて、他の急性期病院のMSWとの病病連携に取り組んだことを報告する。	事例	MSWの使命は、医療の効率化の中で病院経営への参画と、適切なチーム医療を柱とした地域包括ケアシステム構築の一助となるように、クライアントへの支援を行うことである。

論文者氏名	論文タイトル・掲載先	領域	目的	手法	結論
厨子健一 (2018)	わが国におけるスクールソーシャルワーク研究の動向と課題——論文タイトルを用いたテキストマイニング 愛知教育大学教職キャリアセンター紀要(3), 35-44	学校	これまでのわが国におけるSSW研究の動向を確認し、今後SSWが発展していくための課題を示すこと。	文献	①SSWerの専門性をより焦点化した研究の必要性、②SSWerが必要とされるさまざまな領域におけるアプローチ法の提示、③教育委員会担当者による事業設計・運営の可視化、④実践するうえでの困難要因およびその対処方法の明確化の課題を示した。
小玉幸助 他 (2018)	スクールソーシャルワークに関する経済分析——不登校児童・生徒を対象とした経済学的分析：スクールソーシャルワーカーの必要性について 保健福祉学研究(16), 1-8	学校	不登校児童・生徒を対象にSSWにおける経済効果を算出すること。	文献	SSWが介入をすることで、不登校が解消したことを仮定した場合、SSWの介入による経済効果は25億3359万円であった。
西川ハンナ (2018)	わが国のソーシャルワークにおける社会開発とその射程 生活科学研究(40), 147-152	理論	既存の社会福祉活動との境界線上にある新たな活動から、今後のSWにおける「社会開発」の手法の理論構築に向けてその構成要素を検討する。	調査	「社会開発」の資源化や連携には目的の合致、資源の適合性、方針の合致が必要であり、これは社会福祉法人の新たな社会事業やSWerの連携にも必要な要件といえる。
鈴木裕介 (2018)	医療ソーシャルワーカーが行うアドボカシー援助実践の対象 医療社会福祉研究 26, 55-67	医療	MSWerが行うアドボカシー援助実践の対象を明らかにする。	調査	罹患を起因として対象となると考えられるカテゴリや、何らかの決定に関連するカテゴリが生成された。
和田上貴昭 (2018)	里親を支えるソーシャルワーカーの役割——児童養護施設との連携は可能か ソーシャルワーク実践研究(7), 14-22	福祉	社会的養護における新たな里親と施設の役割に関して、特に、連携という点に焦点化して検討する。	文献	今後、施設と里親がお互いの役割を認識し、取り組む姿勢が求められる。
丸茂あい菜 佐藤昭洋 (2018)	ドイツにおけるソーシャルワーカー養成教育を学ぶ——Bielefeld応用科学大学ソーシャルワーク学士課程のカリキュラム事例より 道北福祉(9), 17-36	養成教育	ドイツにおけるSWer養成教育を学ぶため、日本で紹介されたドイツの大学におけるSW学士課程のカリキュラムを先行研究として整理し、そして新たにBielefeld応用科学大学SW学士課程のカリキュラムを翻訳し、紹介する。	文献	Bielefeld応用科学大学においても、義務科目には、「文化学」、そして選択科目にも「文化、教育、しつけ」のモジュールがあり、「文化」の教育は、ドイツにおいて特徴的な傾向を示している。

論文者氏名	論文タイトル・掲載先	領域	目的	手法	結論
丸山正三 (2018)	ソーシャルワークにおける実践評価の課題——病院所属ソーシャルワーカーに対するインタビュー調査からの試論 藤女子大学QOL研究所紀要13(1), 65-72	医療	MSWerによる実践評価について、実践評価の課題を探索的に確認する。	調査	実際に実践評価を導入するためには、どのような評価方法を活用するのか、手順や進め方について一定の技術が必要になる。また、病院組織の理解と関係職種の協力が必要となることもあり、協力体制をつくることが求められる。
寺田千栄子 (2018)	わが国のスクールソーシャルワーカーの養成教育のあり方における考察—— SSW養成校へのアンケート調査から 地域創生学研究(1), 107-119	養成教育	わが国におけるSSW養成の現状と課題を明らかにする。	調査	SSW職に就く者を輩出している養成校は少なく、授業体制、実習時間、実習指導ができる指導者の確保、実習内容、実習先との連携などがその要因と考えられた。また、現在の養成教育においては、教育課程を修了しSSW職に就く者への支援や卒後教育が十分ではない。
金田喜弘 (2018)	社会福祉専門職を目指すための福祉教育の展開プロセス——複線経路・等至性モデルによる分析 福祉教育開発センター紀要(15), 85-97	養成教育	社会福祉学部の学生が社会福祉専門職を目指すキャリア選択と、社会福祉士実習やその他の福祉教育との関連性について明らかにする。	調査	社会福祉専門職を目指すための福祉教育の展開プロセスとして、①社会福祉実習の重要性、②地域福祉フィールドワークや福祉現場インターンシップなどの社会福祉実習以外の補完的な取り組み、③SWイメージの明確化が重要である。
松浦智和 橋本達志 他 (2018)	地域におけるソーシャルワーク・スーパービジョンのニーズに対する取り組み——職能団体認定スーパーバイザー・事業所・大学による協働をめざして 名寄市立大学社会福祉学科研究紀要(8), 33-48	全般	SWerを中心としたスーパービジョン実践体制の構築に向けて試論を述べる。	調査	SWerへスーパービジョンの必要性や価値・意義を多角的に問い、専門職能と社会をつなぐ職能団体、当事者とSWをつなぐ事業所、伝え続ける大学の三者を中心とした協働が求められる。
若杉美千子 髙橋学 (2018)	ソーシャルワーカーによる回復期リハビリテーション病棟への転院支援実践の分析 学苑(928), 35-50	医療	「転院支援の挟間」に陥る患者の存在やリハビリテーションを受ける権利を守るべくSWerが行っている工夫やアプローチ、資源開発などの転院支援実践を明らかにする。	調査	「転院支援の挟間」の事象に対し、患者個人の問題としてとらえるのではなく、患者を取り巻く環境に対して働きかけるエコロジカル・アプローチを行いながら、リハビリテーションを受ける患者の権利を守るために制度・政策の矛盾と闘っている姿を明らかにした。

論文者氏名	論文タイトル・掲載先	領域	目的	手法	結論
上白木悦子 (2018)	緩和ケア・終末期医療における医療ソーシャルワーカーの役割遂行の構造に関連する要因 社会福祉学 59(3), 16-29	医療	緩和ケア・終末期医療のMSWerの役割遂行の構造に関連する要因と因果関係性を明らかにする。	調査	現状の向上・改善は、医療・ケアチームにおけるMSWerの至適な役割遂行につながる。
宮原和沙 (2018)	退院支援における医療ソーシャルワーカーの果たすべき役割――退院支援における医療ソーシャルワーカーの果たすべき役割 妻への依存度が高い透析患者の自宅退院へ向けてのソーシャルワーク実践を通して 徳島文理大学研究紀要 96(0), 65-70	医療	妻への依存度が高い血液透析患者の退院支援におけるMSWerが果たす役割を検討する。	事例	患者や家族に対し必要な支援を他の専門職とスムーズに連携しながら行うことが重要である。
林祐介 (2018)	患者と家族の退・転院先の意向についての量的研究――A病院のカルテ・ソーシャルワーク記録調査より 社会福祉学 59(1), 27-39	医療	病院のカルテ・SW記録を用いて、患者と家族の退・転院先の意向の異同や動向、両者の意向に関連する要因とそれが及ぼす影響を検討した。	事例	効果的な退・転院支援や有用な意思決定支援のあり方を検討する際、①家族は患者本人と比較して、多様な視点から退・転院先を検討している、②家族の退・転院先の意向は、患者の退・転院先の意向と比べて変動しやすい、③同居配偶者がいると、家族機能が高く、患者と家族の退・転院先の意向ともに自宅になりやすいという知見を得た。
孫希叔 (2018)	ソーシャルワーク実践におけるネガティブな経験の意味づけ方の変化過程――現任生活相談員の肯定的な語りに焦点を当てて 社会福祉学 58(4), 62-74	福祉	SW実践におけるネガティブな経験がいかなる過程を経て、肯定的に意味づけられていくのかを明らかにする。	調査	「自らの行動と状況の変化を結びつけて再吟味する」ことで、「揺るがない実践力」をつかんでいた。
大津雅之 (2018)	ソーシャルワークにおける限界認識に向けた自己覚知とその活用 山梨県立大学人間福祉学部紀要(13), 100-116	理論	SWにおけるSWerの限界認識をSWerの自己覚知のうちの一つとして位置づけ、そこから得た気づきをいかにしてSWの実践に還元させながらSWの展開に活用することが可能なのかについて理論的に整理・考察する。	文献	自らも支えてもらえるような協働ないしは連携すべき者が誰であるのかといった点等の発展的な気づきにつなげることができるのであれば、SWerの限界認識の肯定的側面としてとらえることも可能である。

論文者氏名	論文タイトル・掲載先	領域	目的	手法	結論
宮野澄男 潮谷有二 他 (2018)	スクールソーシャルワーカーの法的整備に関する一考察──「チーム学校」における教員との連携・分担を多職種連携の立場から 純心人文研究(24),83-104	学校	法的に整備されたSSWerの専門職としての今後の可能性や課題を明らかにする。	文献	将来的には学校教育法等において、SSWerの職務規定が「従事する」から「つかさどる」へ改正され、それぞれが専門職として「チーム学校」の実現を目指して子どもたちと向き合える時代がくることが望まれる。
中田喜一 (2017)	スクール（学校）ソーシャルワーカーにおけるミクロ・メゾ・マクロレベルの活動に関する現状と課題──スクールソーシャルワーカーの言説分析からの一考察 神戸医療福祉大学紀要 18(1), 65-71	学校	SSWerがどのような立場で関わるのかを活動から現状を論じるとともにエコロジカルSWを行ううえでの課題を明らかにする。	文献	ミクロ・メゾ・マクロレベルの成功・失敗例を研究者および現場のSSWerで連携を取りつつ発表していかなければならない。
小高真美 引土絵未 他 (2017)	ソーシャルワーカー養成課程における自殺予防教育の試み──新たに開発された教育プログラムの実施可能性と効果の予備的検討 自殺予防と危機介入 37(2), 25-34	養成教育	自殺ハイリスク者支援のための教育プログラムとして、「SWerにできる自殺予防」を開発し、その実施可能性と効果の予備的検討を行った。	調査	教育プログラム「SWerにできる自殺予防」には、一定程度の実施可能性があることが示唆された。
楠寿子 岸菜美 清水恒広 (2017)	HIV/AIDSとソーシャルワーク 京都市立病院紀要 37(1), 31-33	医療	HIV/AIDS患者・家族支援の実践を通して、HIV/AIDS患者・家族を取り巻く問題点を明らかにし、今後のエイズ治療拠点病院の課題を明らかにする。	事例	エイズ治療拠点病院として、保健・医療・福祉の連携を通して、HIV/AIDS患者が住み慣れた地域で社会生活・療養生活が継続できるよう、包括的なケア体制を構築する責務がある。
佐藤舞 (2017)	交通事故被害者と家族に対するソーシャルワークの現状と今後の支援のあり方 厚生の指標 64(8), 28-34	養成教育	医療福祉の養成校や講習会等における、交通事故被害者への関与についての教育の充実を図る。	調査	養成校での交通事故関連の授業に関しては、学生時代から社会保障制度の学習や事例検討を通しての交通事故被害の理解に取り組ませることで、より早期の生活支援や社会復帰することにつながる。
鷲見栄子 (2017)	スクールソーシャルワーカーの視点 ソーシャルワークぎふ(22), 69-74	学校	高等学校におけるSSWerの実践から、その役割を果たすことができているか考察する。	事例	SSWerが同じ専門職であるスーパーバイザー等に相談し、自分の見立ての妥当性などについて、示唆を受けることができるスーパービジョン体制を、公的に整備することがこれからの課題である。

論文者氏名	論文タイトル・掲載先	領域	目的	手法	結論
佐藤亜樹 (2017)	ソーシャルワーカーの新しい機能 ――ペット・ロスが飼い主に与える影響とソーシャルワーク・サービスの可能性：先行業績レビューを通しての考察 松山大学論集 29(2), 47-81	その他	「人間の生活における動物の役割」や「ペット・ロスによって引き起こされる飼い主の悲嘆と喪のプロセス」について概観し、そのような飼い主に対するサービスの可能性やSWerの役割について言及する。	文献	SWer等の対人援助職は、ペットの人間生活における重要な役割を理解し、ペットを失った際に飼い主が経験する悲嘆と喪のプロセスを妨げる要因についての知識を持ち、飼い主が失ったペットを自身の生活の中に再配置し、日常生活に再適応するための支援を行うことが求められる。
黒木信之 (2017)	地域包括ケアシステムにおける医療ソーシャルワーカーの役割 医療ソーシャルワーク研究(7), 53-56	医療	在宅医療・介護連携支援センターの業務から地域包括ケアシステムのMSWの役割について明らかにする。	事例	MSWは、患者の人たちがどんな医療や福祉を希望しているかを理解して支援していく役割がある。
加藤慶 (2017)	性的マイノリティに関する日本のソーシャルワーク教育の現状と課題 ソーシャルワーカー(16), 45-51	養成教育	人権とグローバル定義、教育・養成の国際基準をもとに、日本における養成基準、教育内容の現状を明らかにし、課題について検討する。	文献	性的マイノリティに関する教育は担保されていなかった。
佐藤光市 (2017)	倫理的配慮と倫理調整を媒介にしてソーシャルワークの実践レベルに介入する実践方法 ソーシャルワーカー(16), 35-43	理論	ソーシャルワークの実践レベルのマクロレベル（制度・政策）に介入する実践方法を検討した。	事例	排除を生み出している制度・政策そのものやその隙間をターゲットとして実践することが、社会変革を促進するSW実践である。
大崎広行 (2017)	日本における学校ソーシャルワークの制度化とその発展過程 発達障害研究 39(2), 165-174	養成教育	SSWer活用事業の政策形成過程を示し、日本におけるSSWerの制度化の過程を明らかにする。	文献	「行動連携事業」や「SSN事業」「問題を抱える子ども等の自立支援事業」の存在が、SSWの政策形成過程に大きな影響を及ぼした。
泉浩徳 田中朋也 (2017)	スクールソーシャルワーカーの現状からみた 幼小期における専門職配置の提言 松山東雲女子大学人文科学部紀要(25), 17-27	保育	幼稚園や保育所のSSW配置の有効性について、社会的認知度が十分ではないSSWの業務と、具体的事例を紹介し、現状と課題を具体的に挙げて検証する。	事例	SSWの質を担保できるスーパービジョン体制や、保育士の業務軽減のためにも、幼小期におけるSSWの導入およびシステムの構築が必要である。
村上和美 宮地克典 西川勝利 (2017)	愛媛県におけるスクールソーシャルワークの 現状と課題 松山東雲女子大学人文科学部紀要(25), 96-112	学校	愛媛県におけるSSWの今日に至る過程と現状を整理したうえで、そこでの課題を析出する。	事例	SSWの推進体制を機能強化し、福祉専門職がSSWerとして教育現場に適切に配置されること、またそれによって、SWerの専門的な知識や技術を用いて、子どもや子どもを取り巻く環境に働きかけるための枠組みをさらに整備していく必要性がある。

論文者氏名	論文タイトル・掲載先	領域	目的	手法	結論
宮内俊一 (2017)	保育ソーシャルワーカーに関する一考察 社会保育実践研究 (1), 43-50	保育	保護者支援における保育SWerの必要性と課題を明らかにする。	文献	アウトリーチを活用しながら総合的かつ包括的な支援をマネジメントし、予防も視野に入れて柔軟な「保育SW」が切望される。
井上健朗 (2017)	プロフェッショナル・ポートフォリオのソーシャルワーク分野での活用——ポートフォリオ作成ワークショップ・プログラムの試作 高知県立大学紀要 社会福祉学部編 66, 79-90	全般	SWerが自分の業務経歴や実績、経験、学んできたスキル、自分の仕事に対する理念などを記載したプロフェッショナル・ポートフォリオを作成するワークショップ開催プログラムを試作する。	文献	ポートフォリオのサイクル更新・継続型の活用を促すためには、ポートフォリオが今ひとつ社会的認知を得て、所属機関での職能評価、発展的な転職活動や上級職に進むための資料として活用されることが望まれる。
石垣儀郎 (2017)	情緒障害児短期治療施設におけるソーシャルワークに関する研究——「児童記録」にみる暴力の考察、量的分析を中心に 中京大学社会学研究科社会学論集 (16), 77-98	福祉	SWer経験による支援や判断に、科学的な裏づけを見出すこと、すなわち経験知を研究知に置きかえる。	事例	子どもの「暴力」に対してSWerが6種類のスキルを駆使して「介入」を行った結果、子どもはこれまでに獲得していた「第1次社会化」から、新しい社会化を獲得して変容する。
川向雅弘 (2017)	「狭間」に取り組むソーシャルワーカーの「越境」の課題：地域を基盤とするソーシャルワークに求められる連携・協働とは ソーシャルワーク実践研究(5), 12-21	全般	ケースワーカーに寄せられたいくつかの相談事例を通して、「支援の狭間」の現状と課題、SWerの「越境」について検討する。	事例	SWerの越境には「自らの実践環境を整える」ことを避けて通れず、個々のSWerにその役割と責任がある。
岩永理恵 (2017)	生活保護・貧困問題とソーシャルワーク——貧困・社会的排除に立ち向かうソーシャルワーカーへの期待 ソーシャルワーク実践研究(5), 2-11	全般	最近のSWerおよびケースワーカー以外の貧困問題に取り組む実践や生活困窮者自立支援法の制定・実施を取り上げ、ケースワーカーの実践を相対化を試みる。	文献	ケースワーカーとライフサポートのCSWerらの立ち位置が異なること、置かれた立場によって問題をとらえる視点に違いがある。
梅木幹司 (2017)	本学におけるスクール（学校）ソーシャルワーク教育課程設置に向けて 至誠館大学研究紀要 4, 37-45	養成教育	SSW教育課程の設置を行ううえで必要なこと、またその課題等を検討する。	事例	しっかりと関係機関と向き合える力を持つためには、ミクロレベルの実践だけでなく、メゾ・マクロ実践ができるSSWerの存在が必要である。

論文者氏名	論文タイトル・掲載先	領域	目的	手法	結論
岡村正幸 (2017)	福祉臨床論とソーシャルワーク教育をめぐる諸問題——プロセス構造における課題整理について 福祉教育開発センター紀要(14), 13-31	養成教育	いかに大学での社会福祉教育の一環としてのSW教育を進めていくのか、SWプロセス構造を取り上げ検証する。	事例	社会福祉における福祉援助は、「生の営みの困難」を決して援助者と利用者の間における援助関係の間に閉じ込め解決が求められるものでもないし、また後期近代における福祉政策、援助の見直しの中、生産と供給における多元化のものと、イギリスのニューレイバーが福祉国家批判の方法として取り入れた、マネジメント理論ややりくり的なマニュアルの重視で改善できるものではない。
多田ゆりえ 細羽竜也 (2017)	自己覚知の定義の構造化と機能の一考察 人間と科学 17(1), 49-58	理論	「自己覚知」の概念を整理し、その意味内容を構造化し、SW実践における「自己覚知」の機能について確認する。	文献	「意識変化」「スキル」「個人的自己と専門職的自己覚知」の3概念については、スパイラル状の関連性を持ち、自己覚知を定義づけるうえで重要な要素である。
山東愛美 (2017)	別事例を起点に展開する地域を基盤としたソーシャルアクション——地域住民の気づきを促すソーシャルワーカーの働きかけに焦点をあてて ソーシャルワーク研究 43(1), 57-63	地域	地域を基盤としたソーシャルアクションを支えるSWerの働きかけについて分析する。	事例	SWerは地域が主体ということを常に念頭に置きつつ、個から地域へと地続きに支援を展開することが求められる。
河合純 (2017)	発達障害が疑われる児童生徒に対するスクールソーシャルワーカーの有効な関わりについての調査——スクールソーシャルワーカーへのインタビュー調査の結果と考察 自閉症スペクトラム研究 14(2), 53-57	学校	発達障がいが疑われる事例に対してどのように関わりを持つことが有効であるのかを明らかにする。	調査	外部機関受診の前に充分な説明と支援を行う、環境を変えていくために家庭を支援する、診断後の保護者と学校の橋渡し役の3つのカテゴリーが抽出された。
宮嶋淳 (2017)	「助」格差社会における日本型ソーシャルワーカーの養成改革——新たな地域開発理論：地域生命学的アプローチの提示 敬心・研究ジャーナル 1(2), 1-12	養成教育	わが国の地方都市と日本型SWerの現状を題材に、日本型SWerの新たな養成のための教育改革への視点を検討する。	調査	日本型SWerが、地域においてSWを展開し、期待される力量を発揮するためには、新たな認識や理論を養成教育カリキュラムに盛り込む必要がある。

論文者氏名	論文タイトル・掲載先	領域	目的	手法	結論
上野加代子 (2017)	福祉の研究領域における構築主義の展開 社会学評論 68 (1), 70-86	全般	英語圏の文献をレビューした後、日本における構築主義研究ではどうして「自身の加害性の認識」という観点が乏しいのかについて考察する。	文献	SW の被害性言説は SW の加害性の免罪符に役立たせるものだとみることができる。
中村哲也 (2017)	コミュニティソーシャルワーカーにおける個別支援から地域支援への展開——一人の認知症高齢者への支援事例を通じて ソーシャルワーク学会誌 35, 17-20	地域	自宅に閉じこもる生活をしていた 1 人の認知症高齢者への個別支援から地域全体の変化につながった実践報告をする。	事例	CSW の実践は、常に個人の問題とその背景にある地域環境の問題にも着目する。そうすることで「私の問題」を「私たちの問題」に広げながら、地域全体で支え合う社会の実現に向けた歩みを住民と共に進んでいくのである。
浅野貴博 (2017)	ソーシャルワーカーであることの不確かさ——ソーシャルワーカーとしての学びの検討を通して， ソーシャルワーク学会誌 34, 1-14	全般	SWer が実践活動に伴う不確かさをどうとらえ、どのように向き合っているかについて、SWer としての学びとの関係に焦点をあて明らかにする。	調査	「SWer であることの不確かさ」への向き合い方が、①確かさを求めて、②不確かさの受入れ、③確かさと不確かさの間でのバランスの 3 つのタイプに大別できることがわかった。
鈴木裕介 (2017)	医療ソーシャルワーカーが行うアドボカシー援助活動の構造 社会福祉学 58 (1), 26-40	医療	MSWer が行うアドボカシー援助活動の構造を明らかにする。	調査	「意識化」「交渉」「情報提供」「院内組織の変革」「関連機関の変革」「啓発」「代弁」の 7 因子が抽出され、これらの 7 因子が相互に関連することを考慮した包括的な援助活動を行う必要性がある。
久保田純 (2017)	地域で暮らす母子家庭へのソーシャルワークにおける「支援リゾームの形成」——現場からのグレーザー派グラウンデッド・セオリーによる有用な実践モデルの生成 社会福祉学 58 (1), 86-98	地域	現実に実践されている支援を必要とする地域で暮らす母子家庭への SW について概念化することを試みる。	調査	「支援リゾームの形成」という概念が抽出され、この概念が支援を必要とする地域で暮らす母子家庭への SW についての有用な実践モデルである可能性がある。
二木泉 (2017)	ソーシャルワークにおける反抑圧主義（AOP）の一端——カナダ・オンタリオ州の福祉組織の求人内容と組織理念を手がかりとして 社会福祉学 58 (1), 153-163	全般	カナダの社会福祉組織で反抑圧主義がどのように求められ、また福祉に携わる人々がどのように認識しているのかを明らかにする。	調査	福祉に携わる人々の中にも、反抑圧主義に対する異なる態度がある。この SW の中での主流とは言えないものの、その必要性が認識され、積極的に実践するために取り組みが行われている現場がある。

論文者氏名	論文タイトル・掲載先	領域	目的	手法	結論
本田和隆 (2017)	ソーシャルワーカー養成の現状分析と課題——保育者養成校を中心に 大阪千代田短期大学紀要(47), 1-16	保育	保育者養成校における相談援助科目に関わる先行研究の検討と、福祉現場や学校教育現場における相談援助の国家資格である「社会福祉士養成カリキュラム」との比較を通して、保育者養成校の課題を見出し、今後の保育者養成校における保育・教育相談支援やSW教育について改善点を明らかにする。	文献	社会福祉士養成カリキュラムとの比較から、①保育・教育相談支援の系統的な学びの必要性、②実習現場における保護者支援体験、③リカレント教育の充実の3つが、今後活かされる保育・教育相談支援における保育者養成についての課題である。
中島佳子 (2017)	A県内のスクールソーシャルワーカー配置の現状と課題について 佐野短期大学研究紀要(28), 25-36	学校	A県内のSSWer活用の実情を把握する。	調査	課題として、①SSWerの定着、②連携の達成度が低く、担当者との認識に差が見られたこと、③SSWerは日々、不安や悩みを抱えながら活動していることが挙げられる。
田中秀和 (2017)	浅賀ふさの生涯に関する研究 新潟医療福祉学会誌 17(2), 13-20	全般	社会福祉学における人物研究として、浅賀ふさの生涯を紐解くことを第一の目的とした。併せて、浅賀の生き方を研究することにより、それを将来の福祉人材確保の一助とする。	文献	彼女が渡米中に現地の婦人参政権獲得運動とその成果を目の当たりにしたというエピソードや、国際婦人年を受けてわが国の家庭内の子育てにおける男女同権(同位)意識の弱さを問題視する発言等があり、新たな史実が発見された。
原順子 (2017)	聴覚障害ソーシャルワークにおける文化モデルアプローチの概念研究——聴覚障害ソーシャルワーカーへのインタビュー調査分析をもとに 四天王寺大学紀要(65), 7-19	学校	聴覚障がい者のろう文化をポジティブにとらえる文化モデルアプローチの有効性および概念を明らかにする。	調査	「ろう文化」視点はSWerにとって聴覚障がい者をポジティブにとらえる重要なものであり、「聴覚障がい者の特性」は聴者の価値観によるネガティブなとらえ方であった。
合田衣里 竹本与志人 (2017)	通所介護事業所における生活相談員のソーシャルワーク実践に関する文献的検討 岡山県立大学保健福祉学部紀要 24, 1-7	福祉	通所介護事業所に勤務する生活相談員のSW実践に関する動向と今後の課題を明らかにする。	文献	生活相談員の業務内容は、相談援助業務以外の業務が多く、多岐にわたっている。
大津雅之 高木寛之 田中謙 (2017)	ソーシャルワーカーがソーシャルワーク機能を担ってきた者に向けるべき視座 山梨県立大学人間福祉学部紀要(12), 113-124	全般	日本国内における「SW的支援」について、歴史的側面から整理する。	文献	過去のさまざまな地域住民による「SW的支援」はもとより、その他多くの過去のさまざまな専門職による「SW的支援」から、SWerとして何ができ、また、何ができないのかも踏まえながら、SWer自らのあり方を謙虚に学ばせていただくような視座が必要である。

論文者氏名	論文タイトル・掲載先	領域	目的	手法	結論
君島昌志 君島智子 (2017)	スクールソーシャルワーカーと行政機関との連携：宮城県大崎市におけるインタビュー調査をもとに 東北福祉大学研究紀要41, 77-91	その他	児童生徒および保護者に関わる専門的な行政機関の専門性を探るとともに、SSWerと機関、または機関間の連携性の状況を把握する。	調査	行政の各機関がその専門性を発揮しながらも、他の機関の専門性を十分理解し連携を強める方向に進んでいるとは言えない現状である。また、SSWerも専門機関の期待やニーズに十分対応できていない現状である。
匠輝雄 (2016)	スクールソーシャルワークが定着するプロセス 福祉と人間科学(27), 13-26	学校	学校現場にSSWが定着するプロセスを明らかにする。	調査	SSW定着のプロセスの研究には、SSWerのさらなる実践の積み重ねと効果の検証が必要である。
大塚真子 青栁直子 (2016)	スクールソーシャルワークにおける養護教諭の役割 茨城大学教育実践研究(35), 233-243	学校	SSWerが求める養護教諭の役割や支援上の困難点などを明らかにする。	調査	SSWerへの認知度不足や教職員間の連携体制の不備などに困難を感じていた。
渡部律子 (2016)	ソーシャルワークにおける省察的実践とソーシャルワーカー養成──ソーシャルワーク教育の課題と展望を考察する ソーシャルワーク実践研究(4), 16-30	養成 教育	省察的実践とは何か、SWと省察的実践はどのように結びつくのか、また、省察的実践のできるSWer養成はどのようにあるべきかについて論じる。	文献	大学教育が「資格試験合格」を最優先にする限り「時間がかかるが、真に役に立つ省察的実践ができるSW教育」はできないはずである。
樋澤吉彦 (2016)	心神喪失者等医療観察法における「社会復帰」の意味 名古屋市立大学大学院人間文化研究科人間文化研究(26), 37-65	医療	医療観察法における「社会復帰」の意味について、論考分析を通して整理・検討する。	文献	トートロジーこそがまぎれもなく医療観察法における「社会復帰」であり、PSWerにはこのトートロジー履行のための機能が完備された。
櫻井慶一 (2016)	「保育ソーシャルワーク」の成立とその展望──「気になる子」等への支援に関連して 生活科学研究(38), 31-41	保育	保育SWerの定義や必要性、保育SWerに求められる専門性や養成体系等を検討する。	文献	保育SWerには保育士等の現場職員が適任であり、各園単位で置かれることが望ましい。
大賀有記 (2016)	急性期病院のソーシャルワーカーの業務遂行過程と役割喪失過程との悲嘆作業構造：博士論文要約版 ルーテル学院研究紀要(49), 51-65	医療	急性期病院における脳血管疾患の患者家族に対して、SWerが行う支援に焦点をあて、役割変化への取り組み過程にみる困難の質と構造を明らかにし、SWerの専門的支援構造を提示する。	調査	業務遂行過程軸と役割喪失過程軸との悲嘆作業構造を用いて、SWerはどんな困難な環境にあっても支援を継続し、また発展させていくことができる。

論文著者氏名	論文タイトル・掲載先	領域	目的	手法	結論
石坂誠 (2016)	ソーシャルワークと社会正義——日本の社会福祉は貧困にどう対峙するのか 佛教大学大学院紀要社会福祉学研究科篇(44), 1-18	全般	構造的に拡大・深化する貧困に対して、社会福祉、SWがどう対峙するのか、そしてそのあり方について明らかにする。	文献	「社会正義や人間性の回復という価値基盤・原点」にたったSW実践のためには、ソーシャル・アクションや社会運動との協働が重要である。
岡山菜美 (2016)	認知症患者の意思決定プロセスにおけるソーシャルワーク——医学的評価とソーシャルワーカーの実感的評価のギャップから 医療社会福祉研究 24, 91-99	福祉	認知症患者の意思決定支援の積み重ねの中で、HDS-RやMMSEで点数化された医学的評価と、SWerが、援助経過においてアセスメントした意思決定能力の実感的評価にギャップが存在することを確認した事例について考察する。	事例	ギャップには援助関係が影響しており、良好な援助関係によってクライエントの意思決定能力が変化し、周辺症状や認知症が重度であっても「クライエントの言葉」で意思の確認ができることを再認識する。
鈴木裕介 (2016)	医療ソーシャルワーカーが行うアドボカシー援助活動の構成要素 医療社会福祉研究 24, 55-67	医療	MSWerが行うアドボカシー援助活動の構成要素を明らかにする。	調査	MSWerは、組織に所属していることを意識しつつ、患者の利益が阻害されないようにSWの価値を遵守した活動を行っている。
高山恵理子他 (2016)	退院支援において病院運営管理部門はソーシャルワーカーに何を期待しているのか——回復期リハビリテーション病院運営管理部門を対象としたソーシャルワーク実践アウトカム評価調査より 医療社会福祉研究 24, 9-25	医療	病院運営管理部門が退院支援におけるSW実践のアウトカム評価に含まれると考える項目およびその要因を明らかにする。	調査	退院支援アウトカム評価項目の平均値は、組織に関する項目および地域との信頼関係構築で高い。
新川加奈子 (2016)	北海道におけるスクールソーシャルワーカー（SSWr）としての実践報告——実践から見えてきた現状と課題 札幌保健医療大学紀要 2, 39-49	学校	北海道におけるSSWerの今後の課題について検討する。	事例	SSW体制またSSWerについての課題を解決する際に、教育委員会と福祉関係者だけで抱え込むのではなく、積極的に他分野の関係者を巻き込んで解決する姿勢が必要である。
村岡則子 佐藤快信他 (2016)	臨床と教育の協働による医療ソーシャルワーカー養成の実践——循環型教育モデルの構築と初歩的検討 医療ソーシャルワーク研究(6), 52-58	医療	MSWの養成において地域を巻き込んだ循環型教育の実践に向けたモデル構築とその有効性について検証する。	調査	現任MSWは学生らとの縦断的関わりを通して自己実践の振り返りやSW理論と実践との「再統合化」を図っており、相互に作用しながら学び成長する一端を示した。

論文者氏名	論文タイトル・掲載先	領域	目的	手法	結論
大野拓哉 (2016)	「権利擁護」の批判的検討——ソーシャルワーカーに求められる人権視点 ソーシャルワーク実践研究(3), 14-24	全般	「社会福祉における『権利擁護』とは、誰が・誰のために・何を、そして、どのように行うことであるのか」という視角で批判的に検討する。そのうえで、「権利擁護」に深く関わる「SWerに求められる人権視点」を提示する。	文献	「人権視点」として提示したいのは、「権利擁護」にせよ他の何にせよ、人権のために譲れないものは譲れないものとして、批判的に向き合うべきであるということである。
米川和雄 他 (2016)	国際比較を通じたスクールソーシャルワークの定義の一考察 帝京平成大学紀要27, 57-66	理論	SWの定義や国際的なSSWの動向から、グローバルなSSWの定義について検討する。	文献	SSWの定義と目的を「学校及び家庭・地域での生活を営む上での児童生徒の諸問題（課題）に対し、家庭、学校、地域との連携を通して予防・解決に取り組み、児童生徒の福祉と教育の目的の達成に取り組む」とした。
髙橋岳志 石川えりか 佐々木全 (2016)	高等学校におけるスクールソーシャルワーカー活用の実態と課題——スクールソーシャルワーカーと教師の業務内容の異同 岩手大学教育学部附属教育実践総合センター研究紀要(15), 287-299	学校	SSWおよびその担い手であるSSWerの起源と役割を論じし、そのうえで、SSWerと教師の業務分担について、その内容の異同と分担の規定要因を探る。	文献	教師とSSWerの業務分担は、明確な線引きをするというよりも、規定要因としてのニーズや状況に応じて動的にその範囲の設定や分業の判断をすることが望ましい。
藤田徹 (2016)	エスノメソドロジカル・センス——いま、ソーシャルワーカーに求められる力とは 岩手県立大学社会福祉学部紀要18(27), 93-102	理論	SWの専門能力が抱える「理論と実践のかい離」をめぐる課題の本質を見極める作業と、それを解消する手立てとしてエスノメソドロジーを導入する意義と効果を検討する。	文献	エスノメソドロジーによって社会福祉研究領域の実践現場に対するねらいを「《いま－ここ》における実践」のレベルで果たされていることが確認できる。それこそが社会福祉研究領域が、実践現場に対する使命を達成することができる。
日和恭世 (2016)	専門職としてのソーシャルワークの再検討——専門職の概念に焦点をあてて 別府大学紀要(57), 57-66	理論	専門職としてのSWの捉え方について検討する。	文献	わが国のSWが専門職として発展するためには、SWの本質とは何かを改めて問い直し、今一度目指すべき専門職像を明らかにする必要がある。
奥村賢一 (2016)	スクールソーシャルワーカーが相談対応する児童虐待の実態と実践課題——配置型と派遣型の活動形態に焦点化して 福岡県立大学人間社会学部紀要24(2), 41-60	学校	SSWerが相談対応する児童虐待の実態を明らかにするとともに、活動形態による比較から今後の学校SWにおける実践課題を検討する。	調査	相談対応件数の虐待事例は約3割であり、なかでもネグレクトが約50％を占めていた。そのうえで、活動形態に応じた学校SWの体系化が今後の課題である。

論文者氏名	論文タイトル・掲載先	領域	目的	手法	結論
佐藤亜樹 (2016)	ソーシャルワーカーの新しい機能——人間への暴力と動物への暴力の関連性：虐待事例の早期発見と有効なソーシャルワーク援助のために：北米における先行業績レビューを通しての考察 松山大学論集 27 (6), 147-176	全般	SW 援助専門職が人間への暴力の被害者および加害者への援助を行うために、「動物への虐待」に注意を向けることが必要なのかを論述する。	文献	動物に対する残忍な行為や虐待、ネグレクトは、同一家庭の中で、人間への暴力が起こっている最初の警告サインとなっている。
中尾賀要子 (2016)	福島の三年目と復興——あるソーシャルワーカーへの追跡インタビューを通して 臨床教育学研究 22, 35-51	災害	地震・津波・原子力災害および風評の重層被害が発生した福島において、現地のSWer が経験した出来事や出会い、気づきの理解を明らかにする。	調査	SWer の課題として「隠れた被災者」の存在、福島の喪失と悲嘆の理解、復興支援における実践力の強化、そして復興活動に専心可能な人材の確保が挙げられた。
野尻紀恵 川島ゆり子 (2016)	貧困の中に育つ子どもを支える連携支援プロセスの視覚化—— SSW と CSW の学び合いプロセスを中心として 日本福祉教育・ボランティア学習学会研究紀要 26, 15-26	学校	SSWer と CSWer がどのように相互交流し、それぞれの実践現場の文化を学習し合い実践コミュニティを形成していくのかというプロセスを明らかにする。	調査	「貧困の中に育つ子ども」支援が、CSW と連携することによって、総体としての SW に厚みを増す可能性を示している。
三島亜紀子 (2016)	ソーシャルワークのグローバル定義における「社会的結束（Social Cohesion）」に関する考察——リスク管理がもたらすジレンマ ソーシャルワーク学会誌 33, 1-12	理論	社会的結束が SW 領域で用いられるようになった背景を明らかにする。	文献	社会的結束が社会統制に直結し、SW と安全／リスクの古くて新しいアンビバレンスな関係を再現する可能性がある。
浅野貴博 (2016)	ソーシャルワーカーとしての学びにおけるリフレクション——「今いるところ」から離れるために ソーシャルワーク学会誌 33, 13-25	全般	SWer が、実際の支援の文脈の中でどのようにリフレクションを行い、自身の理解の変容を伴う学びの経験をしているのかについて考察する。	調査	学びが起きるためには、SWer が自身のことをオープンに語れるサポーティブな他者との関係性に加えて、支援の前提の見方がさまざまな形で揺さぶられる必要がある。

論文者氏名	論文タイトル・掲載先	領域	目的	手法	結論
山本博之 (2016)	わが国におけるソーシャルワーカー養成の過去、現在そして未来──日米のソーシャルワーカー養成課程を比較して 田園調布学園大学紀要(11), 23-36	養成教育	わが国における SWer 養成の現状と今後の課題への提言を行う。	文献	養成校、職能団体をはじめとする現場は今後ますます密接な関係をとり、一丸となって SWer 養成を推進していかなければならない。
土田耕司 橋本彩子 (2016)	子どもの貧困対策とスクールソーシャルワークにおけるケースの発見──スクールソーシャルワークにおけるケースの発見 川崎医療短期大学紀要(36), 33-37	学校	子どもの貧困を早期発見し社会福祉の専門的な援助過程につなげるために、学校での子どもの貧困の「ケースの発見」に関しての提言を試みる。	文献	SSW として教育（学校の教員）と福祉（SSWer）の連携と協働が行われなければならない。
君島昌志 君島智子 (2016)	支援を必要とする児童及び家庭への対応──宮城県大崎市におけるスクールソーシャルワーカーの専門性に関するインタビュー調査をもとに 東北福祉大学研究紀要 40, 35-48	学校	SSW の活用状況、相談支援を必要とする子どもやその家庭の実情、SSWer の役割がどのように理解されているか把握する。	調査	スクールカウンセラーなど他の相談支援を活用しながらその違いが明確ではないため、SSW への理解が深まっていない。
駒田安紀 山野則子 (2015)	社会福祉士・精神保健福祉士資格所有状況による実践の差の検証──効果的スクールソーシャルワーカー配置プログラム構築に向けた全国調査より 学校ソーシャルワーク研究(10), 37-48	学校	社会福祉士あるいは精神保健福祉士の資格を所有する群とそうでない群における実践と効果について明らかにする。	調査	実践については、資格を所有する群では学校組織・教育委員会・関係機関に対するメゾ、マクロレベルの SW 実践がさかんであった。
横井葉子 (2015)	A 市におけるスクールソーシャルワークのプログラム評価──地域の問題に即した効果の明確化と実践課題の抽出 学校ソーシャルワーク研究(10), 24-36	学校	学校現場に表れる地域課題に対応するための SSWer 活用効果の明確化とそれに対応する SSWer および教育委員会の実践上の課題を抽出する。	調査	SSWer では主にケース会議後の対応、教育委員会では事業に関する情報収集や評価、スーパービジョンや会議のシステム化が課題である。

論文者氏名	論文タイトル・掲載先	領域	目的	手法	結論
西野緑 (2015)	子ども虐待におけるチーム・アプローチの成果とスクールソーシャルワーカーの役割──教職員への聞き取り調査から 学校ソーシャルワーク研究(10), 2-14	学校	子ども虐待に関する小学校の組織的対応に焦点をあて、SSWer導入によるチーム・アプローチの成果およびSSWerの役割を明らかにする。	調査	SSWerの役割は、学校に福祉の視点を導入すること、俯瞰的・客観的・専門的な立場から教職員をエンパワメントすること、子どもの最善の利益のための家族環境の保障を促進することである。
鈴木謙一 諏訪浩 (2015)	東京都認知症アウトリーチチームの立場から認知症初期集中支援チームに期待すること──ソーシャルワーカーの視点から 老年精神医学雑誌26(10), 1124-1130	医療	認知症初期集中支援チームと同様の機能をもつ東京都認知症アウトリーチチームの活動概要などを報告する。	事例	さまざまな要素に関わるSWerであるからこそ、目的と手段を混同せず、常に意識化して支援を行うことが大切である。
河野高志 (2015)	多分野のソーシャルワーク実践におけるケアマネジメント展開の比較──福岡県内の相談支援事業所へのアンケート調査から 福岡県立大学人間社会学部紀要 24(1), 1-15	全般	日本のSW実践におけるケアマネジメントの展開枠組みを考察する。	調査	「利用者へのサービスの調整・活用・提供」と「サービス提供システムの改善・向上・開発」という2つの因子からみた分野ごとのケアマネジメントの特徴が明らかになった。
和秀俊 (2015)	東日本大震災の被災地支援における大学の役割──首都圏の大学の復興支援活動から 田園調布学園大学紀要(9), 1-17	災害	東日本大震災の被災地支援において、被災地以外、特に首都圏にある大学の役割を検討する。	事例	継続的に学生という若いマンパワーの供給源としての役割を果たすことによって、東日本大震災の被災地を復興の道へと導き、また被災地支援で培ったスキルやマインドに基づいた地元における防災や減災に取り組むことが大学の役割である。
岩井浩英 (2015)	鹿児島県における学校ソーシャルワーク推進に向けての事業支援に関する検討 九州社会福祉学(11), 1-9	学校	学校SW推進に向けて必要とされる事業支援について検討する。	事例	SSWerの持続可能な専門職性（職能）を確立しつつ、現任者自身の役割観や効能感を向上させ、今後のSSWer活用を継続・推進させることが不可欠である。
宮嶋淳 (2015)	ニュージーランドにおけるソーシャルワーカーの「品質保証制度」に関する調査報告 日本社会福祉教育学会誌(12), 1-12	その他	ニュージーランドにおけるSWer登録制度とそれに関連するSW・ソーシャルワーク・スーパービジョン体制を調査した結果を報告し、わが国で充足されるべきSW・SV体制とそれに伴うSWerの「品質保証制度」のあり方に関する示唆を得る。	文献	わが国においても品質保証という概念並びにシステムをSWer教育課程並びにSWer生涯研修制度に位置づけ、社会福祉士および介護福祉士法第47条の2にいう資質向上の責務を実効性ある規定にしていく必要がある。

論文者氏名	論文タイトル・掲載先	領域	目的	手法	結論
荒川あつ子 (2015)	保育におけるソーシャルワークの現状と課題 ソーシャルワーカー(14), 45-49	保育	保育所におけるSW機能についての現状と課題を明らかにする。	調査	地域の子育て支援機能の拠点として、育児相談の実施、他機関との連携、子育て支援地域活動の実施を強化することはSW機能の強化につながる。
VIRAG Victor (2015)	ソーシャルワーク専門職のグローバル定義と先住民族アイヌの福祉——国際専門職団体の立場と国内状況 ソーシャルワーカー(14), 27-44	その他	国際専門職団体の先住民族に対する姿勢を整理し、先住民族アイヌの福祉に関する国内動向を把握したうえで、これらを比較検討する。	文献	国際専門職団体による期待にも、アイヌ民族に関する国内の期待にも十分に応えていない現状である。
岩間文雄 (2015)	ソーシャルワークの展開過程についての検討 関西福祉大学社会福祉学部研究紀要 18（1・2）, 11-18	理論	現代SWの枠組みにおける展開過程の特徴、構成要素について、文献の概観を通して、論者ごとの共通点と差異について整理する。	文献	SW展開過程の特徴は、非線形、円環的、螺旋状等、さまざまな表現を用いられて説明される、「進行しながらも巡り巡って元の段階に立ち戻ることがある」性質、展開過程を構成する段階は、実践においては明瞭に区分することが難しいといった性質がある。
高田豊司 佐伯文昭 八木修司 (2015)	日本におけるスクールソーシャルワーカーの現状と今後——児童虐待の観点からの文献的展望 関西福祉大学社会福祉学部研究紀要 18（1・2）, 1-10	学校	児童虐待に対するSSWerの役割について、その意義と課題を整理し、今後の研究課題を明らかにする。	文献	①「学校と児童虐待との関連性」が論じられた、②「SSW的視点と手法の有効性」が示された、③「人と環境との相互作用に働きかける」という視点を共有していくことの重要性が示唆された。
後藤至功 (2015)	災害時におけるソーシャルワークについて考える——いのちと暮らしをささえるソーシャルワーカー 福祉教育開発センター紀要(12), 115-129	災害	災害時におけるSWerの役割と存在意義を考える。	事例	SWerの災害時における役割は多岐にわたり、今後、ますますの活躍が期待される。
渡邊隆文 (2015)	学校現場におけるスクールソーシャルワーカー活用事業の導入期にみる困難性——学校支援者とのパートナーシップに焦点を当てて 健康科学大学紀要(11), 59-72	学校	学校現場へのSSWer活用事業の導入期に焦点をあて、SSWerが抱える困難を精査し、その影響要因について明らかにする。	調査	SSWerは支援の場、支援対象、活用する資源、児童生徒を取り巻く支援体制の4つの困難を抱えていることが明らかになった。

論文者氏名	論文タイトル・掲載先	領域	目的	手法	結論
陳麗婷 （2015）	ソーシャルワーク教育におけるカルチュラルコンピテンスの研究動向に関する調査研究：英語文献の内容分析を用いて Total rehabilitation reserch2, 106-115	養成 教育	カルチュラルコンピテンスの教育に関する英語文献を分析し、基礎資料を作成する。	文献	カルチュラルコンピテンスは、SWにおいて移民のみならず個々の社会グループの文化を理解し、尊重することの意義を認識せしめた。
日和恭世 （2015）	ソーシャルワークにおけるreflection（省察）の概念に関する一考察 別府大学紀要56, 87-97	理論	専門職の専門性を明確にするためにreflectionとは何かを明らかにする。	文献	SWerの行動ではなく、reflectionをとおして得られたSWerの思考や判断からSWとは何かを導き出すような試みが求められている。
木村真理子 （2015）	グローバリゼーションとソーシャルワーク──ソーシャルワーク専門職：グローバル定義採択と国際ソーシャルワーカー連盟（IFSW）の新たな役割 ソーシャルワーク研究41（2）, 93-103	理論	IFSWが定義改訂にどのような役割を果たしたのかについて触れ、また定義改訂後のIFSW組織の活動の場の拡大に言及する。	文献	グローバリゼーションの影響は、自国と自らが生活する地域にも及んでおり、私たちの身近な場所に影響が如実に現れている。
熊田博喜 （2015）	「制度の狭間」を支援するシステムとコミュニティソーシャルワーカーの機能──西東京市における実践の分析を通して ソーシャルワーク研究41（1）, 58-67	地域	CSWの基本的枠組みの措定をするとともに、「制度の狭間」を支援するシステムがどのように構成され、どのように展開されているのかを明らかにする。	事例	「制度の狭間」の現象形態、既存制度を超えたシステム構築の意義やそこでの住民の位置づけの重要性、さらにはワーカーとして、関係機関の連携はもちろんのことニーズ把握やアセスメント・組織化と企画開発機能が重要である。
友田安政 上田敦久 他 （2015）	ソーシャルワーカーによるHIV陽性患者との初回面接内容の分析 日本エイズ学会誌17（1）, 47-51	医療	SWerがHIV陽性患者との初回面接でどのような相談事項を扱っているのかを明らかにし、SWerの役割機能や課題を明確化する。	調査	SWerは患者が抱えている生活課題を想定しておくとともに、「SWerとして提供すべき支援は何か」を意識したうえで患者と対峙することが重要である。
井上健朗 藤井しのぶ （2015）	特定妊婦に対するチーム・アプローチとソーシャルワーカーによる援助 ソーシャルワーク研究40（4）, 317-325	医療	総合周産期母子医療センターをもつ医療機関における多職種連携でのアプローチについて検証する。	事例	多職種・多機関によるチームでの対応の発展とこの関わりの中心にいるべき「親」と「子ども」の生命と生活を支える価値を共有した支援の構築が期待される。

論文者氏名	論文タイトル・掲載先	領域	目的	手法	結論
東田全央 (2015)	スリランカの地域に根ざしたリハビリテーション（CBR）におけるソーシャルワーカー隊員の役割——農村部におけるJICAボランティアの実践から 国際保健医療30(2), 77-86	その他	スリランカの国家CBR事業におけるJICAボランティア・SWer隊員の役割を明らかにする。	調査	SWer隊員の役割に関して、①地域のアセスメントおよび評価、②新しい実践の提案とモデル的実践の普及、③既存の活動の活性化、④多職種のコーディネートに分類された。
副田あけみ (2015)	インボランタリークライエントとのソーシャルワーク——関係形成の方法に焦点を当てた文献レビュー 関東学院大学人文科学研究所報(39), 153-171	理論	欧米のインボランタリークライエントへの援助論の整理を通して、わが国のインボランタリークライエントとのより望ましい関係形成の方法を探究する。	文献	インボランタリークライエントへの援助論は、①動機一致戦略論、②関係基盤実践論、③解決志向アプローチ実践論の3つに分類された。
三島亜紀子 (2015)	ソーシャルワークのグローバル定義における多様性（ダイバーシティ）の尊重——日本の社会福祉教育への「隠れたカリキュラム」視点導入の意義 ソーシャルワーク学会誌30. 31, A1-A12	理論	diversityの意味を概観し、多様性に関する歴史的経緯や思想的背景を検証する。	文献	今後、多様性をキーワードとして、SWerとして多様な属性をもつ人々を抑圧する社会構造を批判的に分析できる知識とそれぞれ異なる配慮をする能力を身につける必要がある。

引用・参考文献

１）文部科学大臣 研究活動における不正行為への対応等に関するガイドライン, 2014.
２）日本学術会議 科学者の行動指針 改訂版, 2013.

●執筆者紹介

橋本 美香（はしもと・みか）···· 第1章、第2章、第7章第2節・第6節
　東北文教大学短期大学部人間福祉学科教授

南條 正人（なんじょう・まさと）··············· 第3章、第7章第7節、第8章
　東北文教大学短期大学部人間福祉学科准教授

佐久間 美智雄（さくま・みちお）····················· 第4章、第7章第1節
　東北文教大学短期大学部子ども学科教授

下村 美保（しもむら・みほ）··································· 第5章
　東北文教大学短期大学部人間福祉学科講師

髙梨 友也（たかなし・ともや）··································· 第6章
　社会福祉法人やまがた市民福祉会あかしや共生苑施設長

坂上 洋（さかうえ・ひろし）······························· 第7章第5節
　社会福祉法人舟和会えんじゅ荘施設長

柴田 邦昭（しばた・くにあき）··············· 第7章第3節・第4節
　柴田社会福祉士事務所代表

福祉マネジメントのエッセンス

2020 年 3 月 15 日　第 1 版第 1 刷発行

編　　者──東北文教大学社会福祉学研究会

発行所──株式会社　日本評論社

　　　　　〒 170-8474　東京都豊島区南大塚 3-12-4

　　　　　電話 03-3987-8621（販売）-8601（編集）振替 00100-3-16

印刷所──港北出版印刷株式会社

製本所──井上製本所

装　　幀──図工ファイブ

検印省略　© TOHOKU BUNKYO COLLEGE 2020　ISBN 978-4-535-56386-5　Printed in Japan

|JCOPY|＜（社）出版者著作権管理機構 委託出版物＞

本書の無断複写は著作権法上での例外を除き禁じられています。複写される場合は、そのつど事前に、（社）出版者
著作権管理機構（電話03-5244-5088 FAX03-5244-5089 email: info@jcopy.or.jp）の許諾を得てください。
また、本書を代行業者等の第三者に依頼してスキャニング等の行為によりデジタル化することは、個人の家庭内の
利用であっても、一切認められておりません。